标准日语会话教程

初 级

主编　许罗莎　严　敏
编委　崔　勇　刘先飞　于　琰
　　　李志颖　杜　凡　〔日〕岸田修次
插图　赵健平

北京大学出版社
PEKING UNIVERSITY PRESS

图书在版编目(CIP)数据

标准日语会话教程. 初级 /许罗莎,严敏主编. —北京：北京大学出版社，2005.9
ISBN 978-7-301-07938-6

Ⅰ. 标… Ⅱ. ①王… ②严… Ⅲ. 日语-口语-高等学校-教材 Ⅳ. H369.9

中国版本图书馆 CIP 数据核字(2005)第 097123 号

书　　　名：标准日语会话教程(初级)
著作责任者：许罗莎　严　敏　主编
责 任 编 辑：杜若明
标 准 书 号：ISBN 978-7-301-07938-6/H·1199
出 版 发 行：北京大学出版社
地　　　址：北京市海淀区成府路 205 号　100871
网　　　址：http://www.pup.cn
电　　　话：邮购部 62752015　发行部 62750672　编辑部 62753374　出版部 62754962
电 子 邮 箱：zpup@pup.pku.edu.cn
印　刷　者：北京宏伟双华印刷有限公司
经　销　者：新华书店
　　　　　　787 毫米×1092 毫米　16 开本　11.5 印张　225 千字
　　　　　　2005 年 9 月第 1 版　2012 年 8 月第 4 次印刷
定　　　价：21.00 元

未经许可，不得以任何方式复制或抄袭本书之部分或全部内容。
版权所有，侵权必究　举报电话：010-62752024
　　　　　　　　　　电子邮箱：fd@pup.pku.edu.cn

使用说明

《标准日语会话教程·初级》由广东外语外贸大学东方语言文化学院日语系从事基础教学的教师编写。是为全日制日语本科专业一年级学生编写的系列教材之一，分学生用书、教师手册（供教师备课时使用）两册。使用一学年（72 学时，2 学时/周）。同时也适用于非日语专业学习者及日语爱好者。

本书的编写方针为：
- 既可在明确学习要点之后进行会话练习，也可在练习之后总结要点。本书在编写过程中采用的是后者。
- 会话课不是精读课，也不是精读课的辅助课。因此，语法解释，句型操练等都不在本书编写范畴内。

本书提倡"在游泳中学游泳"。各项练习以学习者具备的日语能力（如语法知识、词汇量等）为基础，以"语言沟通"为目的进行，在练习过程中的语言表达不要求尽善尽美，只要能达到"沟通"这一目的即可。

本书稿已在广东外语外贸大学东方语言文化学院日语系一年级使用1年。在听取各方面意见后，经反复修订，现正式出版。

本书须与配套教材《标准日语语音教程》（广州外语音像出版社，主编李东杰、许罗莎等 2001.7.）、《标准日语初级教程》上/下册（北京大学出版社，原著[日本]东京外国语大学留学生日本语教育中心，编注许罗莎、崔勇等 2002.11./2003.3）同步使用。

本书共 32 课，分为三个部分。从日语语音阶段开始，贯穿基础日语初级阶段全过程。语言基础知识的难易度依照《标准日语初级教程》上/下册的语法习得顺序排列。

第 1 部分：**日语语音**。该部分共 4 课。以假名、单词及短句的操练为主。目的是帮助学生掌握假名的发音，并对日语的语调、节奏等形成初步的认识。

第 2 部分：**日语会话**（初级）。该部分共 27 课。结合实际对话场景，运用所学日语语言知识进行会话练习，使学习者掌握正确的发话和应答方法，加强对整个会话过程的理解。同时通过与本国文化的比较，了解日本文化、生活、习惯、思维方式等，以达到开拓学习者视野的目的。

第 3 部分：**日语会话能力检测**。仅 1 课。用于学生自测。可视作《标准日语会话教程·中级》的热身练习。

本书采用的练习形式有：
- 游戏：设定严格的游戏规则，要求用日语及相关知识完成游戏内容。
- 看图对话：又称信息缺失（information gap）。两组图片，信息互补。要求练习双方根据自己所持图片信息，与对方共同完成信息交换。
- 看图说话：要求学习者依照要求完成图片信息描述。
- 采访：通过采访与被采访，完成信息交换。
- 情景对话：又称角色扮演（role-play）。情景卡（role-card）设定角色及相关条件。学习者依照卡上信息完成交流任务。
- 问答：根据场景，回答教师提问。
- 猜谜：学习者各自完成谜面，提交后互相提问。
- 说说看：小组游戏。学习者共同就既定话题发表自己的意见。

其中，个别项目为配合练习的顺利进行，增加了"热身"部分。

考虑到使用对象为入门级学习者，本书采用全中文编写。力图使所有的练习方法、游戏规则等一目了然，最大限度地减少教师堂上解说的时间。正因为此，要求学习者做到以下 2 点：1）在阅读规则后迅速进入会话练习状态；2）练习必须用日语完成。

本书执笔者分工如下：杜凡负责语音 1～语音 4；于琰负责 1～5 课；崔勇负责 6～10 课；李志颖负责 11～15 课；严敏负责 16～19 课；许罗莎负责 20～23 课；刘先飞负责 24～27 课；日籍教师岸田修次负责晋级测试；赵健平负责全书的插图。另外，日籍教师安藤美保对日语部分、严敏对汉语部分进行了审订，许罗莎对全书进行了统稿、审订。

本书在编写过程中，得到了广东外语外贸大学东方语言文化学院日语系有关领导和教师的殷切关怀和鼎力支持。日籍教师安藤美保老师在百忙之中对本书进行了认真负责的审阅，并提出了宝贵的意见和建议。在此一并深表谢意。

由于编写时间紧，工作量大，尽管力求做到准确无误，也难免存在一些疏漏之处，恳请各位同行及读者在使用过程中提出宝贵意见。

编者
2005 年 4 月

目 录

语音 1 1
       <热 身> 识假名 1
  Ⅰ <游 戏> 传话 1
  Ⅱ <游 戏> 假名体操 1 1
  Ⅲ <游 戏> 假名体操 2 1

语音 2 2
       <热 身> 识假名 2
  Ⅰ <游 戏> BINGO 2
  Ⅱ <游 戏> 点头哈腰 4

语音 3 5
  Ⅰ <游 戏> 假名体操 1 5
  Ⅱ <游 戏> 假名体操 2 5
  Ⅲ <游 戏> 乖孩子，讲礼貌 5
  Ⅳ <游 戏> 过家家 7

语音 4 9
  Ⅰ <游 戏> 看谁拿到的卡片多 9
  Ⅱ <游 戏> 初次见面 9
  Ⅲ <说 说 看> 我来介绍一下 9

第 1 课 11
  Ⅰ <游 戏> 你能拿到多少卡？ 11
  Ⅱ <游 戏> 这是什么？ 17

第 2 课 22
  Ⅰ <游 戏> 排排坐 22
       <热 身> 猜拳 22
  Ⅱ <游 戏> 天价的葡萄 22
  Ⅲ <游 戏> 数字世界 22

Ⅳ	<采　　访>	大学满意度调查	23

第3课 ... 24
Ⅰ	<游　　戏>	只言片语	24
Ⅱ	<采　　访>	大李小李和老李	24

第4课 ... 26
Ⅰ	<游　　戏>	抢答	28
Ⅱ	<游　　戏>	寻宝奇兵	28
Ⅲ	<游　　戏>	抢答	28

第5课 ... 29
Ⅰ	<看图对话>	我的眼镜呢？	31
Ⅱ	<看图对话>	屋里一个人也没有	31
Ⅲ	<猜　　谜>	挑战谜语大师	32

第6课 ... 35
Ⅰ	<看图对话>	我的一天	35
Ⅱ	<看图对话>	学校的变化	40

第7课 ... 44
Ⅰ	<采　　访>	生日礼物	44
Ⅱ	<游　　戏>	老实交待	46

第8课 ... 49
Ⅰ	<看图对话>	一对好朋友	49
Ⅱ	<看图对话>	两所学校	55

第9课 ... 56
Ⅰ	<游　　戏>	劳驾……	56
Ⅱ	<游　　戏>	难倒你	59
Ⅲ	<情景对话>	好自为之	59
Ⅳ	<情景对话>	就地解决	59

第10课 60
    I   <看图对话>   我要去远方 60
    II   <看图对话>   我的生活习惯 63

第11课 68
    I   <情景对话>   《吾辈是猫》 68
    II   <情景对话>   学割（がくわり）是什么？ 68
    III   <情景对话>   都记住了吗？ 69
    IV   <猜   谜>   分辨能力测试 70
    V   <游   戏>   数字竞猜 70
    VI   <游   戏>   交头接耳 70
    VII   <采   访>   各抒己见 71

第12课 72
    I   <看图对话>   好想认识这个人 72
    II   <游   戏>   词语竞猜 75
    III   <游   戏>   看谁想得到 75
    IV   <情景对话>   食在广州 77
            巩固练习1   <情景对话>   购物 77
            巩固练习2   <情景对话>   娱乐 78

第13课 79
    I   <游   戏>   猜心 79
    II   <默   剧>   挑战卓别林 79
    III   <情景对话>   有借有还，再借不难 79
            巩固练习1   <情景对话>   棒球训练 80
            巩固练习2   <情景对话>   幻灭 80

第14课 81
    I   <游   戏>   我来试试看 81
    II   <游   戏>   其实我也很挑剔 81
    III   <采   访>   众人拾柴火焰高 84
    IV   <情景对话>   亲情的妥协 86
            巩固练习   <情景对话>   不可抗拒的诱惑 87

| | V | <情景对话> | 还是放弃 | 87 |
| | 巩固练习 | <情景对话> | 不忍错过 | 87 |

第 15 课 ... 88

	I	<游　戏>	你真的了解它吗？	88
	II	<说 说 看>	如果真有来世……	88
	III	<游　戏>	秤砣虽小压千斤	88

第 16 课 ... 89

	<热　身>	视觉分辨测试	89
	I	<游　戏>	捉迷藏	90
	II	<情景对话>	往东？还是往西？	92
	III	<游　戏>	配对	92
	IV	<看图对话>	搞错了吧	92
	V	<情景对话>	110	94
	VI	<看图说话>	无奇不有	96

第 17 课 ... 97

	<热　身>	小姑娘眼睛大	97
	I	<游　戏>	是你，是他，还是她？	99
	<热　身>	说说看，哪里不同？	100
	II	<游　戏>	我的朋友们	101
	III	<情景对话>	喜新？厌旧？	103
	IV	<情景对话>	眼花缭乱	103
	V	<情景对话>	"专家"建议	104
	VI	<看图对话>	这人今天怎么了？	104

第 18 课 ... 109

	I	<情景对话>	天皇巨星	109
	II	<情景对话>	我是司机我怕谁！	109
	III	<游　戏>	吹牛比赛	109
	IV	<游　戏>	找亲人	110
	V	<接龙游戏>	恶性循环？良性循环？	111

第 19 课 112
    <热   身>   等我长大了…… 112
 Ⅰ <说 说 看>   人生抉择 1 113
 Ⅱ <说 说 看>   人生抉择 2 113

第 20 课 114
 Ⅰ <看图对话>   强龙斗不过地头蛇 114
    <热   身>   讨论 117
 Ⅱ <情景对话>   最佳选择 1 117
  巩固练习   <情景对话>   最佳选择 2 117
 Ⅲ <游   戏>   甩掉这个尾巴 117

第 21 课 119
 Ⅰ <游   戏>   太过分了！ 119
 Ⅱ <游   戏>   你这人怎么这样？ 121
 Ⅲ <游   戏>   他（她）做了什么？没做什么？ 123
 Ⅳ <游   戏>   你怎么什么也不做？ 126
 Ⅴ <采   访>   父母在我身上投资了多少？ 128
 Ⅵ <游   戏>   谁欠谁的？（夫妻吵架） 129
 Ⅶ <看图对话>   麻烦你收拾一下房间！ 133
    <热   身>   讨论 133
 Ⅷ <情景对话>   我很愿意为你效劳！ 133
    <热   身>   讨论 133
 Ⅸ <情景对话>   真没办法！ 133
    <热   身>   讨论 134
 Ⅹ <情景对话>   我无能为力！ 134

第 22 课 135
 Ⅰ <说 说 看>   第一印象 135
 Ⅱ <说 说 看>   瞧他那副德行！ 135
 Ⅲ <看图说话>   火眼金睛 137
 Ⅳ <猜   谜>   小小发明家 139

第 23 课 140
 Ⅰ <看图对话>   人人都有本难念的经 140

| | Ⅱ | <看图说话> | 孩儿脸，六月天 | 144 |
| | Ⅲ | <游　　戏> | 知识竞赛 | 147 |

第 24 课 … 148
	<热　　身>	讨论	148
Ⅰ	<情景对话>	发生什么事了？	148
Ⅱ	<情景对话>	飞车大王	148
Ⅲ	<情景对话>	那个他/她……	149
Ⅳ	<情景对话>	周末二日游	149
Ⅴ	<情景对话>	悠闲午后	149
Ⅵ	<看图说话>	为什么有点怪？	150

第 25 课 … 152
Ⅰ	<说　说　看>	最让人烦恼的要求	152
Ⅱ	<说　说　看>	10年后的我们	152
Ⅲ	<情景对话>	周末旅行	153
Ⅳ	<情景对话>	欢迎光临我们的派对	153

第 26 课 … 154
Ⅰ	<游　　戏>	好爸爸，好妈妈	154
Ⅱ	<情景对话>	第一次兼职	155
Ⅲ	<情景对话>	突如其来的不适	155
Ⅳ	<游　　戏>	使用说明书	156
Ⅴ	<造　　句>	一件事情，两种心情	156

第 27 课 … 157
Ⅰ	<游　　戏>	笑一笑，十年少	157
Ⅱ	<游　　戏>	变脸	157
Ⅲ	<情景对话>	为客之道	157
Ⅳ	<情景对话>	爱旅游的老师	158
Ⅴ	<情景对话>	汤里有蚂蚁！	158
Ⅵ	<情景对话>	有蚂蚁的汤	158

晋级测试	160
参考书目	165
后　记	167
作者简介	168

语音 1

＜热身＞识假名
回答教师手中的假名卡片。

Ⅰ ＜游戏＞传话
步骤 1. 分组。5 人一组。
步骤 2. 每组第一个学生到教师处。教师将出示一张假名卡片。
步骤 3. 第一个学生看完后，立刻回去向第二个学生传达所看到的假名。并说明是平假名还是片假名。
步骤 4. 第二个学生将听到的话传给第三个学生……，依次传下去。由第五个学生到黑板上写出答案。
步骤 5. 答对者得一分，答错者得零分。第一轮游戏结束。
步骤 6. 每组原第一个学生排到最后，开始第二轮游戏。

Ⅱ ＜游戏＞假名体操 1
步骤 1. 教师双手同时举起两张假名卡片。
步骤 2. 教师念出其中一个假名的读音。
步骤 3. 学生判断教师所念假名是左边的卡片，还是右边的卡片。
步骤 4. 是左边请回答「ひだり」，是右边则回答「みぎ」。

Ⅲ ＜游戏＞假名体操 2
步骤 1. 教师双手同时举起两张假名卡片。
步骤 2. 学生判断两张卡片是否是读音相同。注意：它们可能是一对平假名、一对片假名、或者一个平假名和一个片假名。
步骤 3. 二者读音相同请回答「はい」，否则，答「いいえ」。

语音 2

<热身>识假名
回答教师手中的假名卡片。

Ⅰ <游戏>BINGO
步骤 1. 学生从信息卡 Y-2-Ⅰ中挑选九个自己喜欢的物品。
步骤 2. 将其名称写在下面 3×3 的 BINGO 空格内。每格写一样物品。
步骤 3. 教师将事先剪裁好的信息卡 Y-2-Ⅰ图片打乱。放在小盒子里。
步骤 4. 教师随机指定某学生从中抽出一张,并用日语读出其名称。
步骤 5. 全体学生各自在自己的 BINGO 表格里寻找是否有该名称。有则在该名称上画圈。
步骤 6. 重复步骤 4、5 数次。
步骤 7. 当圆圈在直线或斜线上凑齐三个立刻喊 BINGO。
步骤 8. 重复步骤 4-7。直至大部分学生得到 BINGO。

BINGO

信息卡Y-2-I

2

Ⅱ ＜游戏＞点头哈腰

步骤 1. 全班分成两组。围成内、外两圈。面对面站好。

步骤 2. 外圈学生胸前贴上教师发给的身份标签。

步骤 3. 内圈学生依照教师出示的信息卡 Y-2-Ⅱ 图片向面前的外圈学生发话招呼。需顾及外圈学生胸卡上所示身份。

步骤 4. 外圈学生相应作答。

步骤 5. 内圈学生每次发话完毕，顺时针移动一个位置。外圈则不动。

步骤 6. 内、外圈学生交换位置及身份标签。重复同样练习。

语音 3

Ⅰ ＜游戏＞假名体操 1
   步骤 1. 教师双手同时举起两张假名卡片。
   步骤 2. 教师念出其中一个假名的读音。
   步骤 3. 学生判断教师所念假名是左边的卡片，还是右边的卡片。
   步骤 4. 是左边请回答「ひだり」，是右边请回答「みぎ」。

Ⅱ ＜游戏＞假名体操 2
   步骤 1. 教师双手同时举起两张假名卡片。
   步骤 2. 学生判断两张卡片是否是读音相同。注意：它们可能是一对平假名、一对片假名、或者一个平假名和一个片假名。
   步骤 3. 二者读音相同请回答「はい」，否则，答「いいえ」。

Ⅲ ＜游戏＞乖孩子，讲礼貌
   步骤 1. 全班学生分成两组。围成内、外两圈。面对面站好。
   步骤 2. 外圈学生胸前贴上教师发给的身份标签。
   步骤 3. 内圈学生按照教师出示的信息卡 Y-3-Ⅲ 向面前的外圈学生发话。
   步骤 4. 内圈学生每次发话完毕，顺时针移动一个位置。外圈则不动。
   步骤 5. 内、外圈学生交换位置及身份标签，重复同样练习。

信息卡 Y-3-Ⅲ

3

Ⅳ ＜游戏＞过家家

步骤1. 分组。2人一组。

步骤2. 根据信息卡 Y-3-Ⅳ 进行对话练习。

步骤3. 交换角色练习。

信息卡 Y-3-Ⅳ

语音 4

Ⅰ ＜游戏＞看谁拿到的卡片多

步骤 1. 分组。4 人一组。

步骤 2. 每组一套假名卡片（假名卡片见《标准日语语音教程》p135～138 李东杰，许罗莎主编 广州外语音像出版社 2001.）。打乱。写有假名的一面朝上，放在中间。

步骤 3. 听到教师读出假名后，马上抢抓该假名卡片。

步骤 4. 看各组谁拿到的卡片最多。

Ⅱ ＜游戏＞初次见面

步骤 1. 全班学生分成两组。围成内、外两圈。面对面站好。

步骤 2. 内、外圈学生胸前贴上教师所给的身份标签。

步骤 3. 内、外两圈的学生分别向对方作自我介绍。

步骤 4. 每次介绍完毕，内圈顺时针移动一个位置，外圈则不动。

Ⅲ ＜说说看＞我来介绍一下

步骤 1. 提前准备全家福（没有的学生可以自画一幅）。

步骤 2. 向同桌作自我介绍，并介绍照片里的家人。

步骤 3. 教师指定一人向全班作自我介绍，并介绍自己的家人，然后介绍同桌和他的家人。

信息卡 Y-4-Ⅲ

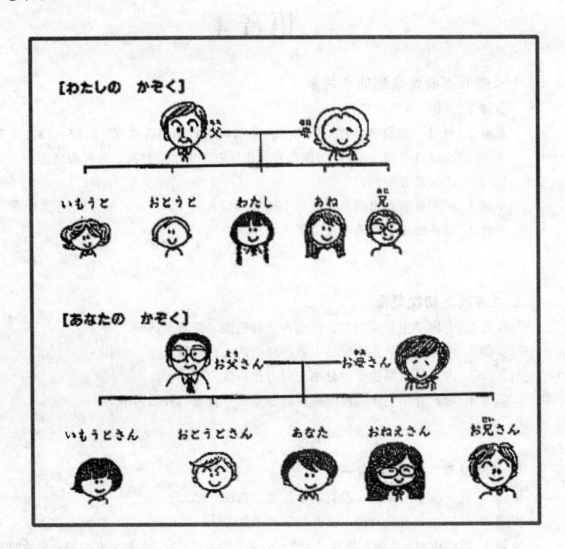

第 1 课

I ＜游戏＞你能拿到多少卡？

步骤 1. 分组。6～8 人一组。

步骤 2. 每组准备信息卡 01-I 两套。

步骤 3. 每人 3 张内容不同的卡片。将有图画的一面朝下拿在手中。

步骤 4. 向本组其他同学询问他们是否持有自己手中某卡片所画物品。如果有，向他（她）出示自己的卡片，并索取对方的卡片。被问到的人必须交出卡片。

步骤 5. 在教师指定时间内拿到卡片最多的人获胜。

注意：

1. 不要让别人看到你的卡片。
2. 只有先发问的人才有权收回对方的卡片。
3. 被问到的人必须诚实作答。

信息卡 01-Ⅰ

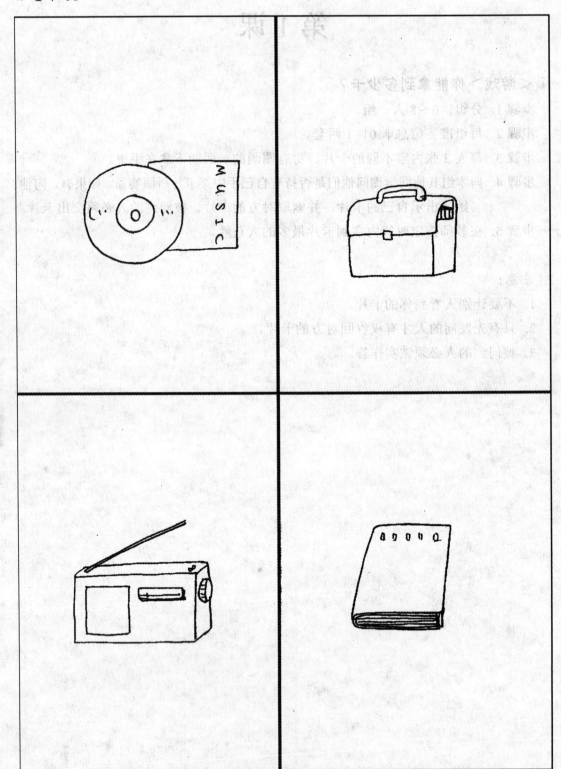

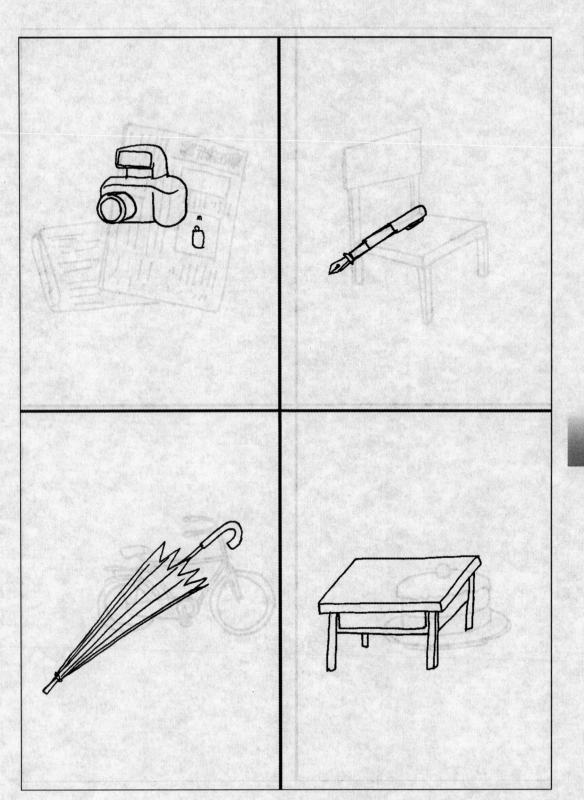

Ⅱ ＜游戏＞这是什么？

步骤 1. 分组。4 人一组。

步骤 2. 各组共用信息卡 01-Ⅱ 一套。将卡片有图的一面向下扣在桌上。

步骤 3. 学生 A 拿起卡片，将有图的一面展示给学生 B，问学生 B 这是什么东西，如果 B 的回答正确，这张卡归 B 所有；如果 B 的回答错误，则将卡片放回原处。

步骤 4. 学生 B 回答后，无论对错都应该向学生 C 提问（重复步骤 3），并依次循环。

步骤 5. 在教师指定的时间内拿到卡片最多的人获胜。

信息卡 01-Ⅱ

1

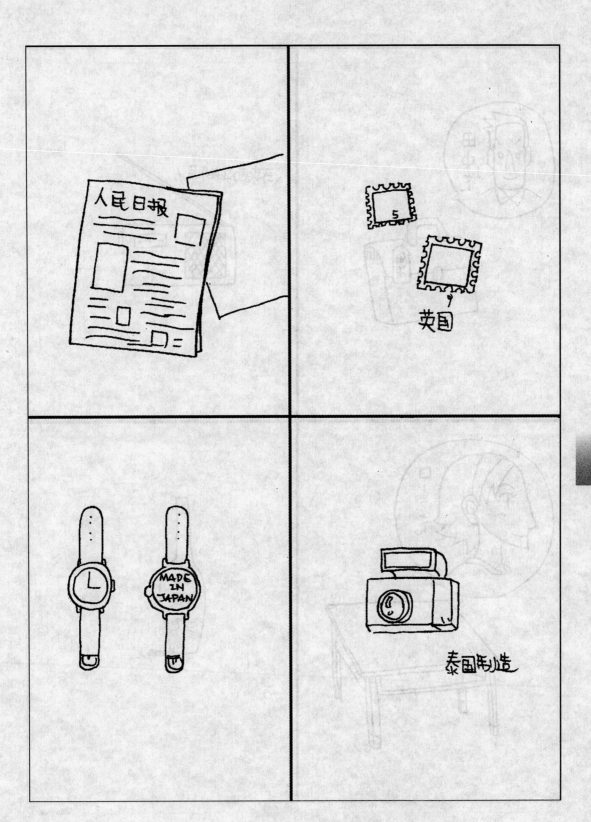

第2课

Ⅰ ＜游戏＞排排坐

步骤1. 分组。6～7人一组。每组学生纵向坐成一排。在游戏过程中不得离开座位，不得大声传话。

步骤2. 各组第一个学生到教师处集合。听教师念一个句子。

步骤3. 学生回到自己的座位，将这个句子复述给同组的第二个同学。以此类推。

步骤4. 传话结束后，每组最后一个学生把听到的句子写下来，各组同时出示答案。

步骤5. 教师出示正确答案。将教师的话完整无误地传到位的小组获胜。

＜热身＞猜拳

大家都会猜拳吧。还记得猜拳时喊的号子吗？"石头剪刀布""丁零当啷锤"……各地都有不同的叫法。日本也不例外，不过号子是"じゃんけんぽん、あいこでしょ"。以"じゃんけんぽん"开始，以后每次出拳时说"あいこでしょ"。

准备好了吗？我们试试看！

Ⅱ ＜游戏＞天价的葡萄

步骤1. 分组。5～6人一组。以组为单位抢答。

步骤2. 教师出示手中的卡片。学生猜卡片上物品的价格。

步骤3. 同时有几个人举手要求回答时，用猜拳决定回答的顺序。

步骤4. 答对多的一组获胜。

Ⅲ ＜游戏＞数字世界

步骤1. 分组。5～6人一组。以组为单位抢答。

步骤2. 教师念问题，问题念完后学生抢答。

步骤3. 答对多的一组获胜。

Ⅳ ＜采访＞大学满意度调查

步骤1. 分组。5～6人一组。

步骤2. 先将＜大学满意度调查表＞"わたし"一栏中填上自己的回答。正面评价为 __A__，负面评价为 __C__，不好不坏为 __B__。也可以自己补充若干问题。

步骤3. 小组内部互相采访，完成下表。

步骤4. 各自总结调查结果。

步骤5. 教师指定若干名学生当众公布调查结果。

大学满意度调查表

質問	わたし			さん			さん			さん			さん		
	A	B	C	A	B	C	A	B	C	A	B	C	A	B	C
1. 大学の食べ物は＿＿＿＿＿ですか。															
2. 部屋は＿＿＿＿＿ですか。															
3. 日本語の勉強は＿＿＿＿＿ですか。															
4. 友達は＿＿＿＿＿ですか。															
5. 学校は＿＿＿＿＿ですか。															
6. ＿＿＿＿は＿＿＿＿＿ですか。															
7. ＿＿＿＿は＿＿＿＿＿ですか。															
8. ＿＿＿＿は＿＿＿＿＿ですか。															

总结：

第3课

Ⅰ ＜游戏＞只言片语

步骤1. 全体学生分为4组。即"いつ"组、"どこで"组、"だれが"组及"なにをします"组。

步骤2. 每人按自己的组别写3个单词。如"だれが"组的学生可以写"マリアさん が"、"紀子さんが"和"マイクさんが"等。其他组别类推。

步骤3. 教师从每组学生中任意抽出一人。每人按顺序将自己的单词写在黑板上，即成3个句子。

步骤4. 教师从这4名学生中任选一人朗读句子，并请他判断所念句子是否有语法错误及错在哪儿。

Ⅱ ＜采访＞大李小李和老李

步骤1. 按照＜生活习惯调查表＞采访3位同学。也可以适当增加表格内容。

步骤2. 公布采访结果。如3位同学的共同点，以及某同学比较特殊的生活习惯。

提高题：总结自己以及同宿舍同学的生活习惯。

生活习惯调查表

	＿＿＿さん		＿＿＿さん		＿＿＿さん	
	きのう	あした	きのう	あした	きのう	あした
ケーキ	○					
パン		×				
ごはん			○			
うどん			×			
ジュース						
バスケットボール			○	×		
バドミントン					○	
本			○			
雑誌			×			

注意："○"表示"做过"或"将要做","×"表示"没做"或"不做"。

信息卡　2004年　年历

日＼月	1	2	3	4	5	6
1	元日		月	春子の入社式	メーデー	国際児童節
2	金	月	火	金		水
3	土	火	雛祭り	土	建国記念日	木
4		水	木		国民の休日	金
5	月	木	金	月	こどもの日	土
6	火	金	土	火	木	
7	水	土		水	金	月
8	木		国際婦人デー	淳の入学式	土	火
9	金	月	火	金	母の日	水
10	土	火	水	土	月	木
11		建国記念の日	木		火	金
12	成人の日	木	金	月	水	土
13	火	金	土	火	木	山田結婚式
14	水	バレンタインデー		水	金	月
15	木		月	木	土	火
16	金	月	火	金		水
17	土	火	水	土	月	木
18		水	木		火	金
19	月	木	金	月	水	土
20	火	金	春分の日	火	木	父の日
21	水	土		水	金	月
22	旧正月（中）		月	木	土	火
23	金	月	火	金		水
24	土	火	水	土	月	木
25		水	哲也の卒業式		火	金
26	月	木	金	月	水	土
27	火	金	土	火	木	
28	水	土		水	金	月
29	木		月	みどりの日	土	火
30	金		火	金		水
31	土		水		月	

信息卡　2004年　年历

月＼日	7	8	9	10	11	12
1	木		水	国慶節（中）	月	水
2	金	月	木	土	火	木
3	土	火	金		文化の日	金
4		水	土	月	木	土
5	月	木		火	金	
6	火	金	月	水	土	月
7	七夕	土	火	木		火
8	木		水	金	月	水
9	金	月	木	土	火	木
10	土	火	金		水	金
11		水	土	体育の日	木	土
12	月	木		火	金	
13	火	アテネ・オリンピック開幕式	月	水	土	月
14	水		火	木		火
15	木		水	金	月	水
16	金	月	木	土	火	木
17	土	火	金		水	金
18		水	土	月	木	土
19	海の日	木		火	金	
20	火	金	敬老の日	水	土	月
21	水	土	火	木		火
22	木	七夕（中）	水	金	月	水
23	金	月	秋分の日	土	勤労感謝の日	天皇誕生日
24	土	火	金		水	クリスマスイブ
25		水	土	月	木	クリスマス
26	月	木		火	金	
27	火	金	月	水	土	月
28	水	土	火	木		火
29	木	アテネ・オリンピック閉幕式	水	金	月	水
30	金	月	木	土	火	木
31	土	火				大晦日

第4课

Ⅰ ＜游戏＞抢答

步骤 1. 分组。4～5 人一组。以组为单位抢答。

步骤 2. 学生参考信息卡 2004 年年历（见 P26—27）。表中 ▢▢▢▢ 为星期天，（中）为中国的节假日。

步骤 3. 教师念问题，问题念完后学生抢答。

步骤 4. 答对多的一组获胜。

Ⅱ ＜游戏＞寻宝奇兵

步骤 1. 分组。5～6 人一组。

步骤 2. 教师发给每人一张信息卡。学生按照信息卡上的要求完成任务。

Ⅲ ＜游戏＞抢答

听教师读问题，抢答。

第 5 课

信息卡 05-Ⅰ-A

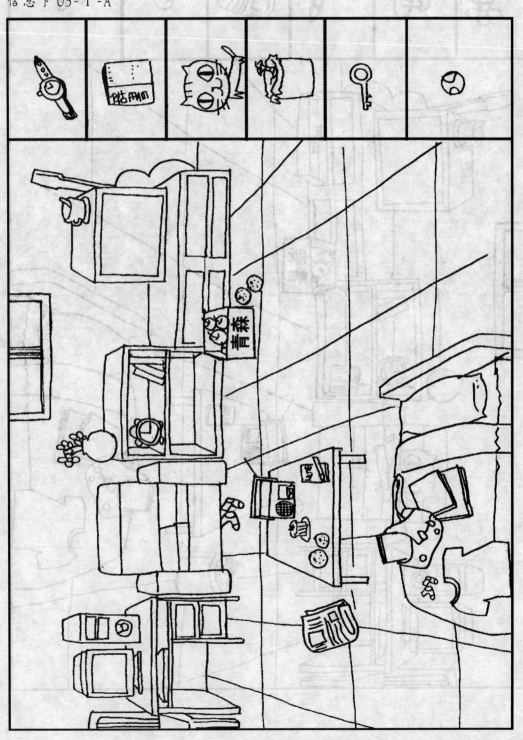

信息卡05-Ⅰ-B

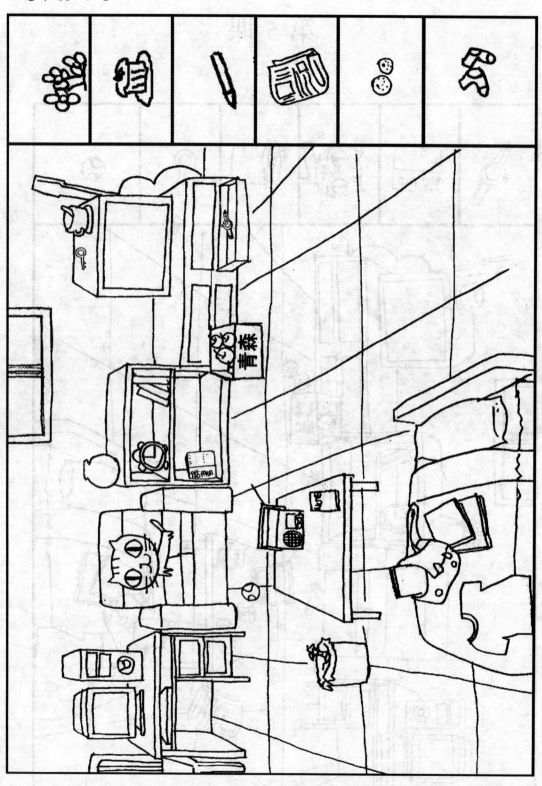

Ⅰ ＜看图对话＞我的眼镜呢？

步骤1. 分组。2人一组。分别使用信息卡05-Ⅰ-A、信息卡05-Ⅰ-B。
步骤2. 持信息卡A者，你的图中有6样东西找不到，请向B询问它们在哪里。
步骤3. 持信息卡B者，你的图中也有6样东西找不到，请向A询问它们在哪里。
步骤4. A/B分别根据手中信息卡的信息做出相应回答。

Ⅱ ＜看图对话＞屋里一个人也没有

步骤1. 分组。2人一组。分别使用信息卡05-Ⅱ-A、信息卡05-Ⅱ-B（见P33-34）。
步骤2. 持信息卡A者：你的图中有3样东西、4个人找不到，请向B询问它们在哪里。
步骤3. 持信息卡B者：你的图中有5样东西、3个人找不到，请向A询问它们在哪里。
步骤4. A/B分别根据手中信息卡信息做出相应的回答。

人物：

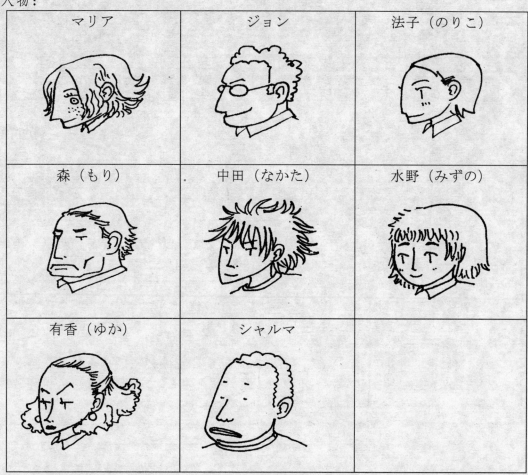

Ⅲ ＜猜谜＞挑战谜语大师

步骤1. 分组。4～5人一组。

步骤2. 每组用猜拳决定A。其任务为：宣读谜语。

步骤3. 教师发给每组等数量的谜语卡片。

步骤4. 组与组竞猜。宣读谜语的那一组该次不得猜谜。

步骤5. 若有数人同时抢答，则用猜拳决定回答顺序。

步骤6. 答对多的组获胜。

提高题：学生也可尝试着自制若干谜语。

信息卡 05-Ⅱ-A

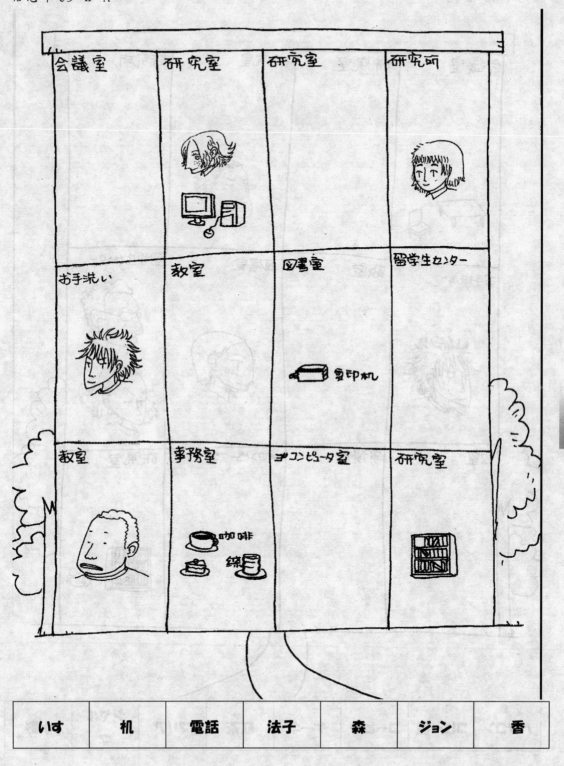

信息卡 05-Ⅱ-B

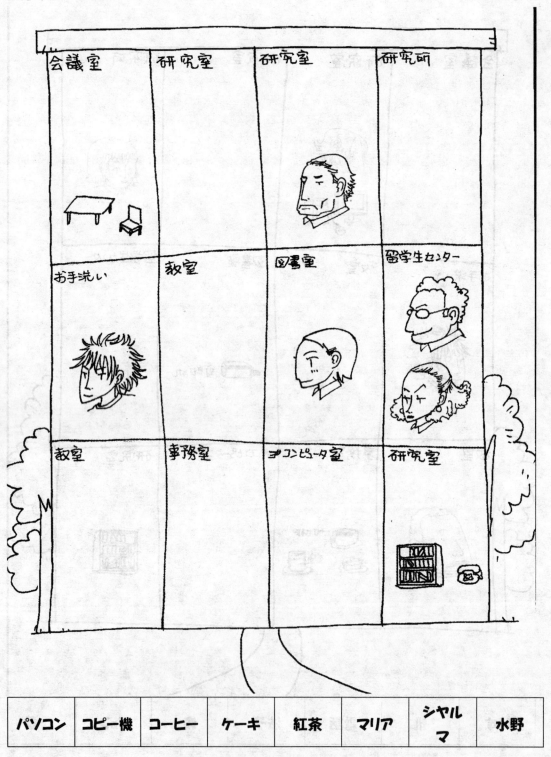

第6课

I ＜看图对话＞我的一天

步骤1. 分组。2人一组。

步骤2. 分别使用信息卡06-Ⅰ-A，信息卡06-Ⅰ-B。

步骤3. 教师设定会话时间为一天的某个时间点。A、B根据信息卡上的信息发问或回答。

步骤4. 向全班同学报告自己的会话伙伴今天已做和未做的事情。

信息卡06-Ⅰ-A

信息卡 06-Ⅰ-A

信息卡06-Ⅰ-B

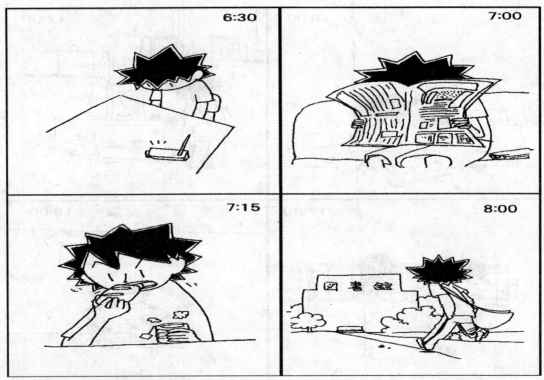

信息卡06-Ⅰ-B

Ⅱ ＜看图对话＞学校的变化

步骤 1. 分组。2 人一组。
步骤 2. 2 人同时使用信息卡 06-Ⅱ-A，信息卡 06-Ⅱ-B。
步骤 3. 设定信息卡 06-Ⅱ-A 为学校过去的面貌，信息卡 06-Ⅱ-B 为现在的面貌。
步骤 4. A 介绍信息卡 A 的内容，并向 B 询问现在学校发生了哪些变化。B 作答。
步骤 5. 设定信息卡 06-Ⅱ-B 为学校过去的面貌，信息卡 06-Ⅱ-A 为现在的面貌。
步骤 6. B 介绍信息卡 B 的内容，并向 A 询问现在学校发生了哪些变化。A 作答。
步骤 7. 总结学校的各项变化。

信息卡06-Ⅱ-A　　　　　　　　　信息卡06-Ⅱ-B

信息卡 06-Ⅱ-A 信息卡 06-Ⅱ-B

信息卡 06-Ⅱ-A　　　　　　　　　　信息卡 06-Ⅱ-B

第7课

I ＜采访＞生日礼物

步骤1. 分组。5～6人一组。

步骤2. 每组指定1人为采访者，其余为被采访者。采访者使用生日礼物调查表，被采访者使用信息卡07-Ⅰ。

步骤3. 教师限定采访时间。采访内容为：在某人生日时，你赠送过或接受过什么礼物，以及今后将会赠送或希望得到什么礼物。

步骤4. 采访者向全班报告采访结果。

生日礼物调查表

時間	誕生日を迎えた（迎える）人	物を贈った（贈る）人	プレゼント	数量
先週の水曜日	張三	クラスの男の学生	ネクタイ	1本
来月の八日	王五			

信息卡07-I

Ⅱ ＜游戏＞老实交待

步骤 1. 分两组。7～8 人一组。

步骤 2. 一组扮演警察,另一组扮演疑犯。各组成员按顺序编号。

步骤 3. 警察组的人根据信息卡 07-Ⅱ-A 的内容向疑犯组询问某一物品的来历。

步骤 4. 疑犯组对应编号的人回答。回答时要求使用完整的句子。

步骤 5. 游戏中,出现以下任意一种情况的一方为败方:

    1) 警察组的发问内容出现重复;

    2) 疑犯组对物品来历的回答出现重复;

    3) 在限定时间内警察组不能发问或疑犯组不能作答。

步骤 6. 两组交换角色,再次进行游戏。扮演警察组的人使用信息卡 07-Ⅱ-B。

信息卡07-Ⅱ-A

信息卡07-Ⅱ-B

第8课

I ＜看图对话＞一对好朋友

步骤 1. 分组。4 人一组。

步骤 2. 2 人为推测方 A、B，另外 2 人为当事方 C、D。

步骤 3. 当事方 C、D 先商量好会一起做信息卡 08-Ⅰ中的哪些事情，并做好记录。

步骤 4. 推测方 A、B 使用信息卡 08-Ⅰ，并在谈话中推测当事方 C、D 是否会一起做信息卡 08-Ⅰ上所描述的事情。

步骤 5. 当事方听取 A、B 的对话，并与手中的记录对照。记录下吻合的数目。

步骤 6. 推测方和当事方交换角色再次进行练习。

步骤 7. 吻合数目多的 2 人获胜。

信息卡 08-I

信息卡 08-Ⅰ

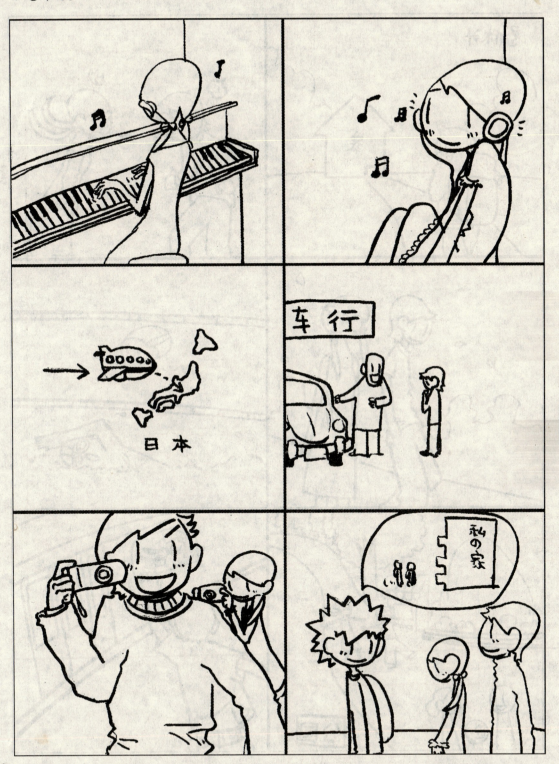

信息卡 08-Ⅱ-A

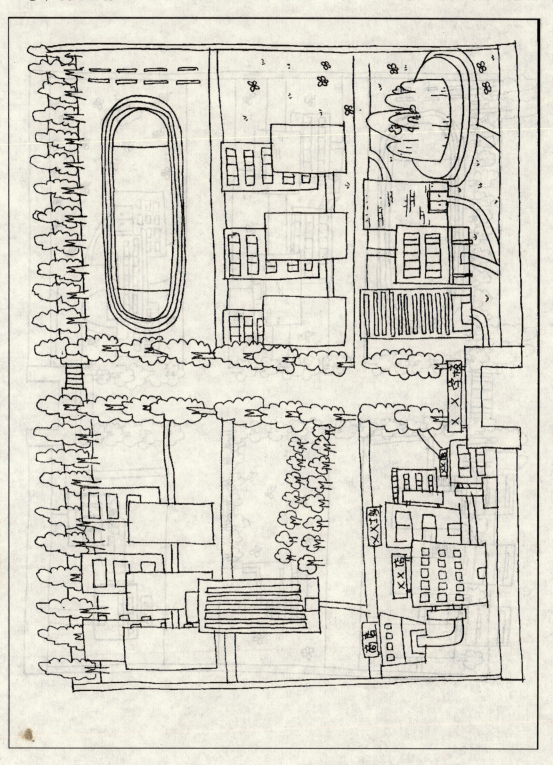

信息卡08-Ⅱ-B

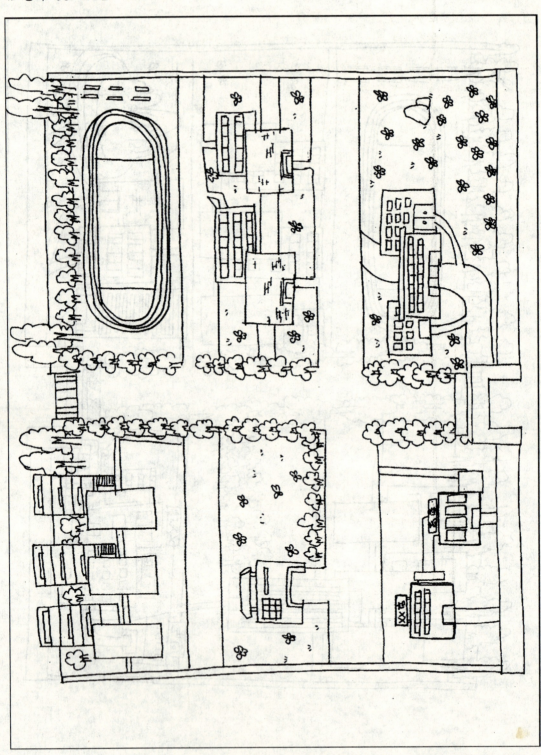

Ⅱ ＜看图对话＞两所学校

步骤 1. 分组。2 人一组。

步骤 2. 分别使用信息卡 08-Ⅱ-A，08-Ⅱ-B（见 P53～54）。

步骤 3. 请互相介绍自己所持信息卡的内容，并询问对方信息卡中的内容。

步骤 4. 比较两校的特点,向全班报告会话内容。

第9课

Ⅰ ＜游戏＞劳驾……

步骤1. 分组。2人一组。

步骤2. 分别使用信息卡09-Ⅰ-A、信息卡09-Ⅰ-B。

步骤3. 猜拳的胜方为借方。

步骤4. 借东西的一方可从所持信息卡「今ないもの」中任意选择五件物品向对方借。

步骤5. 出借的一方则根据所持信息卡里是否有该物品而决定是否出借。

步骤6. 借到物品多的组获胜。

步骤7. A、B交换角色，再次练习。

信息卡09-Ⅰ-A

今あるもの

今ないもの

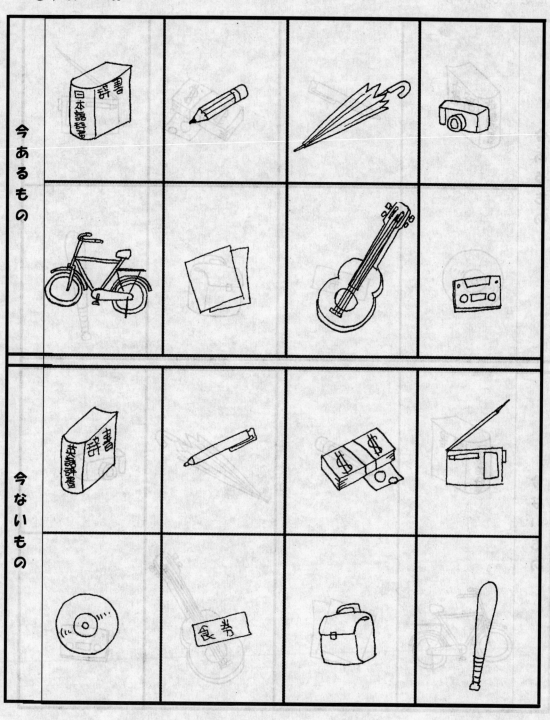

信息卡09-Ⅰ-B

今あるもの			
英語辞書	ペン	お金	ラジオ
CD	食券	かばん	バット

今ないもの			
日本語辞書	鉛筆	傘	カメラ
自転車	紙	ギター	カセットテープ

Ⅱ ＜游戏＞难倒你

步骤 1. 分若干个 A、B 组。每组 5～6 人。
步骤 2. A 组成员依次向 B 组成员发出指令。
步骤 3. B 组被指名者根据指令做出相应的动作。
步骤 4. 出现以下任意一种情况将被淘汰出局：
　　　　1）A 组中不能很快发出指令者或发出重复指令者；
　　　　2）B 组中不能很快按照指令做出相应动作者或做错动作者。
步骤 5. 未被淘汰出局人数多的组获胜。
步骤 6. 两组交换角色，再次练习。

Ⅲ ＜情景对话＞好自为之

情景卡

A　你寒假要去美国旅游。去约你的好朋友 B 一块儿去。

B　你喜欢旅游，但不喜欢美国。原因是安全问题。

Ⅳ ＜情景对话＞就地解决

情景卡

A　你明天要上街买日语词典，去约你的好朋友 B 同行。

B　A 做事缺乏计划性，不擅长事先搜集相关信息。你先听取 A 的计划，然后给 A 一点意见，并简单说明理由。

第10课

I ＜看图对话＞我要去远方

步骤1. 分组。2人一组。

步骤2. A持有简略路线图（见信息卡10-I-A）。要去某地，但不知道该怎样走。

步骤3. B持有图上标有交通工具、所需时间及票价等内容的详细路线示意图（见信息卡10-I-B），向A说明去该地可选择的不同路线。

步骤4. A、B交换角色，再次进行练习。

出发地：大学

信息卡 10-I-A

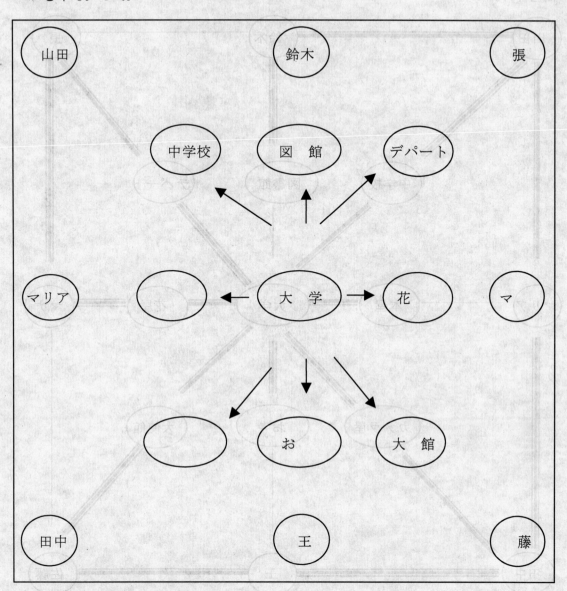

信息卡 10-Ⅰ-B

[图例]
歩いて ———————————— 5分
電車 ═══════════════ 10分　5元
地下鉄 ≡≡≡≡≡≡≡≡≡≡≡ 8分　8元

Ⅱ ＜看图对话＞我的生活习惯

步骤 1. 分组。2 人一组。

步骤 2. 分别使用信息卡 10-Ⅱ-A、信息卡 10-Ⅱ-B。

步骤 3. 请根据信息卡所示内容谈论各自的生活习惯，并了解对方的生活习惯。

步骤 4. 总结归纳，向全班报告两人生活习惯的异同。

信息卡10-Ⅱ-A

信息卡10-Ⅱ-A

信息卡 10-Ⅱ-B

信息卡 10-Ⅱ-B

第11课

I ＜情景对话＞《吾辈是猫》

情景卡

A　你到图书馆借书。请按图书馆工作人员的要求行事。讲话要有礼貌。

B　你是图书馆工作人员。A来借书时，请他填写借书卡，然后请他交还卡片。

	借书卡	
书名：《吾辈是猫》		书号：＿＿＿＿＿＿＿
姓名：＿＿＿＿＿＿＿		单位：＿＿＿＿＿＿＿
借期：＿＿＿＿＿＿＿		还期：＿＿＿＿＿＿＿

II ＜情景对话＞学割(がくわり)是什么？

情景卡

A　你到车站买学生月票（学割定期券(がくわりていきけん)）。请按车站工作人员的要求行事。讲话要有礼貌。

B　你是车站的工作人员。A来买月票时，请他填写《登记表》。请说明表格上需要用黑色钢笔填写，并要求A在填完后交还表格，同时出示学生证。

```
┌─────────────────────────────────────────────────────┐
│              购买月票登记表                          │
│                                                     │
│   姓　名：_____ 学校名：_____ 学号：_____ │
│                                                     │
│   乘车区间：_____站　至_____站              │
│                                                     │
│   申请日期：_____年____月____日                      │
│                                                     │
│   （以下内容由车站工作人员填写）　票价：_____    │
└─────────────────────────────────────────────────────┘
```

小知识

┌───┐
│   "月票"和「定期券」   │
│   │
│   在中国月票以月为单位计算。如：5月1日至5月31日。5月21日要买│
│ 5月份的月票得付整月票价，有效期至5月31日。   │
│   "月票"在日语中叫「定期券」。在日本「定期券」有三种：一个月的、│
│ 三个月的和一年的。即某月某日至次月同日前一天或翌年同月同日的前一天。│
│ 如：   │
│   一个月的「定期券」：5月14日至6月13日。   │
│   三个月的「定期券」：5月14日至8月13日。   │
│   一年的「定期券」：2004年5月14日至2005年5月13日。 │
└───┘

Ⅲ＜情景对话＞都记住了吗？

情景卡

┌───┐
│ A　你知道日语能力测试是每年12月。你到考试中心来报名（申し込む）。在│
│   工作人员介绍报名手续时，请一一确认。最后请对工作人员的帮助表示感│
│   谢。   │
└───┘

B 你是考试中心的工作人员，负责考试的报名工作。若有报名者，请他填写表格。表格填好后请报名者自行交到 3 号窗口（窓口）。请详细介绍填表注意事项。

日本語水平测试申请表

姓名：_____（汉字） _____（*罗马字）

出生年月日_____

地址：_____ TEL_____

（*以上内容请用黑色钢笔填写）

（以下内容由考试中心统一填写）

考　　场：_____ 准考证号码：_____

考试科目级别：_____ 考试时间：_____

IV ＜猜谜＞分辨能力测试

听录音，回答教师的问题。

V ＜游戏＞数字竞猜

听教师读问题，以抢答方式猜测信息卡中物品的价格。

VI ＜游戏＞交头接耳

步骤 1. 分组。5 人一组，排成纵队。

步骤2. 教师发给每组第一个同学一张卡片。上面写有日语句子。

步骤3. 第一个同学看过后将卡片还给教师。再将卡片上的句子原文复述给本组第二个同学听。

步骤4. 第二个同学将听到的话传给第三个同学……，以此类推，依次进行。

步骤5. 第五个同学以转述的方式公布听到的内容。

步骤6. 公布的内容与卡片一致，得5分；若不一致，则由教师适当给分。

步骤7. 每组的传话活动限时2分钟。逾时得负1分。

Ⅶ＜采访＞各抒己见

步骤1. 分组。6人一组。

步骤2. 每组同学将裁剪好的信息卡11-Ⅶ正面朝下放在桌面上。

步骤3. 各组以猜拳方式选出A。A翻开其中任意一张卡片，就信息卡所示内容询问组内任意一人的看法、想法。

步骤4. 回答完毕的同学向该组另一人提出相同的问题。

步骤5. 以此类推。第六名同学表明意见后，由A向全体同学报告该组成员的意见。

信息卡11-Ⅶ

日本の食べ物	日本語の勉強
魯迅（ろじん）の小説	私たちの学校
去年の冬休み	ペット

第12课

I ＜看图对话＞好想认识这个人

步骤1. 分组。2人一组。

步骤2. 分别使用信息卡12-I-A、信息卡12-I-B。

步骤3. 持信息卡A者向B询问信息卡12-I-A中没有写名字的人是谁。

步骤4. 持信息B卡者回答A的问题。

步骤5. 持信息卡B者向A询问信息卡12-I-B中没有写名字的人是谁。

步骤6. 持信息卡A者回答B的问题。

信息卡 12-Ⅰ-A

信息卡12-Ⅰ-B

Ⅱ ＜游戏＞词语竞猜

步骤 1. 分组。6 人一组。

步骤 2. 每组选出 1 人 A，从教师手中抽取 1 张信息卡。

步骤 3. A 告知同组其他 5 人卡上的内容（单词）是事物还是场所，然后对该事物（或场所）进行描述。

（注意：描述时不得使用卡上的单词。）

步骤 4. 其余 5 人根据 A 的提示猜测该卡片上的单词。

步骤 5. 重复步骤 2～4。6 人轮流进行描述。

步骤 6. 每组限时 3 分钟。

步骤 7. 猜中卡片最多的组获胜。

Ⅲ ＜游戏＞看谁想得到

步骤 1. 分组。5～6 人一组。（A、B、C、D……组）

步骤 2. 教师将剪切好的信息卡 12-Ⅲ翻过来扣在桌面上。

步骤 3. 每组分别从中抽取 1 张，并根据信息卡上的提示，讨论在什么时候会出现信息卡上所示的内容，将所有的可能性写下来，交给教师。

步骤 4. 由 A 组派一人发问：在什么时候会出现自己所持信息卡上的内容。

步骤 5. B、C、D……组抢答。

步骤 6. 抢答组的答案若在 A 组总结范围内，得 1 分。若超出 A 组总结范围，且合情合理，得 5 分。

步骤 7. A 组问完后，依次由 B、C、D 等组轮流就本组信息卡内容提问。方法同步骤 4～6。

步骤 8. 得分最多的组为获胜。

信息卡 12-Ⅲ

1. 夜中(よなか)に友達に電話をする	2. 父に手紙を書く
3. 学校を休む	4. うそを言う
5. 友達とけんかをする	6. 先生の事務室へ行く
7. お風呂に入らない	8. 夜、寮へ帰らない

Ⅳ ＜情景对话＞食在广州

情景卡

A　下周你的朋友来广州玩。你想找一家物美价廉的餐厅请朋友吃饭。请向家住广州的同学 B 打听，并对他（她）的帮助表示感谢。

B　你家住广州，因此对广州的生活资讯比较熟悉。当 A 前来打听时，请向他（她）推荐位于北京路（北京路）上的粤菜（広東料理）餐厅。
营业时间：早上 9 点至晚上 11 点。
地点：广州百货商场（広州デパート）后，一栋 2 层楼的白色建筑物。

巩固练习 1 ＜情景对话＞购物

情景卡　　　お土産（おみやげ）

A　下周学校放假，你打算回国。你想给家人买些礼物，请向家住广州的同学 B 打听。并对他（她）的帮助表示感谢。

B　你家住广州，因此对广州的生活资讯比较熟悉。当 A 前来打听时，请向他（她）推荐广州酒家（広州酒家）的点心，因为那里的点心品种多、价格适中（手ごろ）。前往广州酒家的交通路线是：乘坐 810 路（810番）公共汽车，1 个小时左右。
广州酒家的营业时间：上午 6：00 至下午 23：00。周六、周日照常营业。

巩固练习 2 ＜情景对话＞娱乐

情景卡

A 你妹妹昨天刚到广州，想要在这里好好逛一逛。请向家住广州的同学 B 打听。并对他（她）的帮助表示感谢。

B 你家住广州，因此对广州的生活资讯比较熟悉。当 A 前来打听时，请向他（她）推荐一个好玩的地方，并说明该地方的特色，以及行车路线。

第 13 课

Ⅰ ＜游戏＞猜心

步骤 1. 分组。4 人一组。

步骤 2. 各组以猜拳方式选出 A。

步骤 3. A 准备三张卡片，每张卡片上写一种自己喜爱的食物。这些卡片可以给其他组员看。

步骤 4. A 在第四张卡片上写明上述三种食物中自己现在最想吃的一种。将有字的一面朝下扣在桌面上。

步骤 5. 其余三人旁敲侧击地询问 A 在食物方面的喜好。通过 A 的回答，猜测卡片所示的三种食物中 A 此刻最想吃的一种，并将该卡片抽出。

步骤 6. 所选卡片与 A 的第四张卡片一致，由 A 请客；不一致，则由三位同学请客。

Ⅱ ＜默剧＞挑战卓别林

步骤 1. 分组。2 人一组。

步骤 2. A 从教师手中抽取 3 张信息卡。将内容展示给大家看（注意：不要让 B 看到），而后用肢体动作将信息卡上的内容展示给 B 看。

步骤 3. B 根据 A 的动作猜测 A 在请求自己允许的事项，并用日语说出 A 的请求。

步骤 4. A、B 表演完毕，下一组上场。

步骤 5. 使用时间最短的一组获胜。

Ⅲ ＜情景对话＞有借有还，再借不难

情景卡

```
A  下周有日语语音考试，请去向 B 借录音带，并保证下周还。
```

```
B  你有一盒日语录音带，这周和下周都不用。
```

巩固练习 1 ＜情景对话＞棒球训练

情景卡

A　你和朋友约好本周五练习打棒球。学校的球棒太旧，所以想借用 B 的球棒，练习结束后立刻归还。请去向 B 借。

B　你有一只棒球棒，但忘在教室里。A 来借球棒时，请他（她）晚上来取。

巩固练习 2 ＜情景对话＞幻灭

情景卡

A　你本周六要去郊游，想借用 B 的自行车。请去向 B 借。

B　你有一辆自行车。和朋友约好本周六骑车外出。

第 14 课

Ⅰ ＜游戏＞我来试试看

步骤 1. 分组。4 人一组。

步骤 2. 每次 2 组上场比赛。

步骤 3. 教师将画好的面孔贴在黑板上。画面是一张没鼻子的面孔。另外准备一张彩纸，做成鼻子的形状。

步骤 4. 每组选出 1 位同学，蒙上双眼后将彩纸做成的鼻子贴到图画纸上。

步骤 5. 其余三位同学用日语提示同伴，帮助他（她）将鼻子贴到正确的位置上。

步骤 6. 重复步骤 4～5。其余各组登场比赛。

步骤 7. 每场比赛限时 3 分钟。

步骤 8. 使用时间短、准确率高的组获胜。

Ⅱ ＜游戏＞其实我也很挑剔

步骤 1. 分组。8 人一组。

步骤 2. 用抽签的方式决定组别（A、B 组）和序号(1～8 号)。

步骤 3. 2 组共用信息卡 14-Ⅱ。

步骤 4. 请 A 组一人根据自己抽中的号码，参照信息卡 14-Ⅱ-A 中同号图，描述图中物品或事物状态（如：A 组 8 号描述信息卡 14-Ⅱ-A-8），并参照信息卡 B 中同号图，提出改进意见。但不可说出序号。

注意：A 组出人时可以打乱序号顺序，以扰乱对方。

步骤 5. B 组同学根据上述叙述判断所说的是哪幅图，并由本组同序号的人参照信息卡 14-Ⅱ-B 中同号图，起立报告改进后的状态。

步骤 6. A 组同学的表达准确无误得 3 分；第二遍做到准确无误得 2 分；第三遍做到准确无误得 1 分；第三遍未做到准确无误得 0 分。B 组同学的听力判断及报告准确无误得 3 分；第二遍做到准确无误得 2 分；第三遍做到准确无误得 1 分；第三遍未做到准确无误得 0 分。第一回合游戏结束。

步骤 7. 重复步骤 4～6。依次进行第二至第八回合游戏。

步骤 8. 累计得分高的组获胜。

信息卡 14-Ⅱ

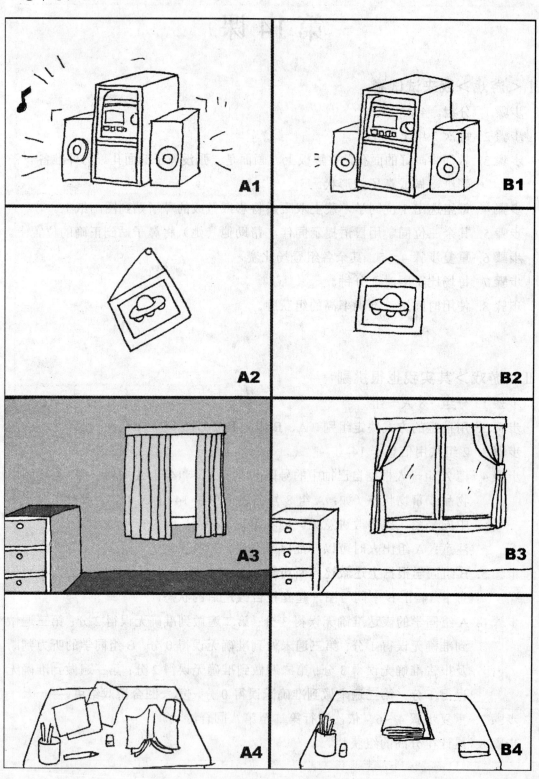

信息卡 14-Ⅱ

Ⅲ ＜采访＞众人拾柴火焰高

步骤1. 分组。6人一组。

步骤2. 每组选出一位同学，以抽签的方式从下列采访选题中抽出三个选题，并就该选题采访本组的其他5人。

步骤3. 采访题目为："遇到下列情况时该如何应对？"

步骤4. 做好纪录并向全班同学公布采访的结果。

信息卡14-Ⅲ （采访选题）

1. 申请护照时	2. 买学生月票时
3. 去留学时	4. 外出时
5. 感冒时	6. 拉肚子时
7. 发生地震的时候	8. 台风袭来的时候

遇到下列情况时该如何应对？（1）

题目：	_____さん
	_____さん
	_____さん
	_____さん
	_____さん
采访结果总结	

遇到下列情况时该如何应对？（2）

题目：	_____さん
	_____さん
	_____さん
	_____さん
	_____さん
采访结果总结	

遇到下列情况时该如何应对？（3）

题目：	_____さん
	_____さん
	_____さん
	_____さん
	_____さん
采访结果总结	

Ⅳ ＜情景对话＞亲情的妥协

情景卡

A　你下周要和同学去佛山（仏山）旅行。车费、餐费、公园门票共需二百元。请向母亲索要。

B　你的孩子要和同学去佛山旅行，跟你要钱。你觉得花费太大。虽不赞成，最后还是把钱给了孩子。提醒他（她）下不为例。

巩固练习＜情景对话＞不可抗拒的诱惑
情景卡

A　下个月有 GLAY 的演唱会，门票 480 元。请约姐姐同去观看。

B　你妹妹约你去听 GLAY 的演唱会，你觉得 480 元的票价太贵。因为前些天蔡琴演唱会的门票不过是 180 元而已。不过你最后还是禁不住诱惑，选择前去观看。

Ｖ＜情景对话＞还是放弃
情景卡

A　今晚有日语晚会，时间是 8 点至 10 点半。晚会节目内容丰富。请邀请 B 同去观看。

B　A 邀你参加今晚的日语晚会，请找借口婉拒 A 的邀请。

巩固练习＜情景对话＞不忍错过
情景卡

A　今年暑假你打算去泰国旅行，时间是 7 月 25 日至 8 月 1 日。请邀请 B 同去。

B　A 邀请你去泰国旅行。你还没有护照，请向 A 说明，如果护照顺利办下来就一同去。

第15课

Ⅰ ＜游戏＞你真的了解它吗？

步骤1. 分组。5人一组。

步骤2. 各组先由一人（A）从教师手中抽取1张信息卡。不要给小组其他成员看。之后根据卡片上的内容描述该物品可以用来做哪些事情。

步骤3. 小组其余成员（B、C、D、E）根据讲述人的描述猜测此为何物。

步骤4. 重复步骤2～3。各组B、C、D、E依次进行。

步骤5. 每组猜测5张信息卡。

步骤6. 使用时间最少的组获胜。

Ⅱ ＜说说看＞如果真有来世……

步骤1. 每人准备一张白纸。

步骤2. 写下自己的姓名和下辈子自己最想变身为何物（如：鱼、老虎、樱花等）。

步骤3. 将写好的字条交给教师。由教师将其整理归类。

步骤4. 教师根据归类好的字条，点名让学生分别陈述自己想变身为何物及其理由。

Ⅳ ＜游戏＞秤砣虽小压千斤

步骤1. 分组。5人一组。

步骤2. 各组先由一人（A）从教师手中抽取1张信息卡。不要给小组其他成员看。之后根据卡片上的内容说明如果没有此物的话，会出现何种状况。

步骤3. 小组其余成员（B、C、D、E）根据讲述人的描述猜测此为何物。

步骤4. 重复步骤2～3。各组B、C、D、E依次进行。

步骤5. 每组猜测5张信息卡。

步骤6. 使用时间最少的组获胜。

第 16 课

<热身> 视觉分辨测试

1. 你看见了什么?

（16-r-1）

2. 你能看见几个人?

（16-r-2）

3. 有个奇怪的豆子哦，你看见了吗？那是什么？

（16-r-3）

Ⅰ ＜游戏＞捉迷藏

步骤 1. 用抽签方式选出 4 人 A,B,C,D。4 人为躲藏者。分别使用信息卡 16-Ⅰ-A，信息卡 16-Ⅰ-B，信息卡 16-Ⅰ-C，信息卡 16-Ⅰ-D。

步骤 2. 其余均为寻找者。使用信息卡 16-Ⅰ公园全景图。

步骤 3. 教师将信息卡 16-Ⅰ-A 交给 A，只有 A 有权看。信息卡 16-Ⅰ-A 中所示为 A 的见闻。

步骤 4. A 持图向全班同学叙述自己的见闻。请大家依照 A 的叙述在信息卡 16-Ⅰ 公园全景图中找出 A 的位置。

步骤 5. 如 A 叙述完毕，仍有人未能确定其所在。则可自由向 A 提问。直至找到为止。

步骤 6. 由教师公布正确答案。

步骤 7. 重复步骤 3～6。3 次。完成信息卡 16-Ⅰ-B，信息卡 16-Ⅰ-C，信息卡 16-Ⅰ-D 的任务。

注意：提问仅限于询问对方所见所闻，严禁涉及具体场所方位名称。

信息卡16-Ⅰ公园全景图

Ⅱ ＜情景对话＞往东？还是往西？

情景卡

> A 你是公园管理员。信息卡 16-Ⅰ是公园全景图。你接到一个日本客人的电话，说自己迷路了。请依照他的叙述判断他在图中的位置，并告诉他如何走到正门出口。

> B 你是日本游客。你在公园里迷路了（见信息卡 16-Ⅰ公园全景图）。你打电话向公园管理处（公園管理事務所）求救。请告诉对方你周围的环境。你要去公园正门出口。

Ⅲ ＜游戏＞配对

步骤 1. 从纸牌中取出黑桃、红心两种花色。
步骤 2. 将两色纸牌洗乱后，请学生摸牌。
步骤 3. 全班依牌色分为 A、B 两组。黑桃为 A 组，红心为 B 组。并以牌号为序。
步骤 4. A 组 1 号说出第一个自动词，B 组 1 号须回答相应的他动词。
步骤 5. B 组 1 号答对则由 B 组 2 号发问，答错由 A 组 2 号发问。并依次进行下去。
步骤 6. 答对得 1 分，答错得 0 分。
步骤 7. 一轮为一个赛程。得分高的组为胜方。

注意： 如游戏人数超过 26 人，可考虑以黑红两色分组。

Ⅳ ＜看图对话＞搞错了吧

步骤 1. 分组，2 人一组。2 人分别使用信息卡 16-Ⅳ-A、信息卡 16-Ⅳ-B。
步骤 2. A 为图 A 中人物，请说出你的请求。
步骤 3. B 为图 B 中人物，听到 A 的请求后，根据你所看到的回答他（她）。

信息卡 16-Ⅳ-A-1　　　　　　　　　信息卡 16-Ⅳ-B-1

信息卡 16-Ⅳ-A-2　　　　　　　　　信息卡 16-Ⅳ-B-2

信息卡 16-Ⅳ-A-3　　　　　　　　信息卡 16-Ⅳ-B-3

16

Ⅴ＜情景对话＞110

情景卡

A　你是旅居广州的日本人，叫村上（むらかみ）。你凌晨2点回到家，看到家里的物品变了样。见信息卡16-Ⅴ-A。你报了案。警察来了，请根据信息卡回答警察的询问。

B　你是广州市新市派出所的民警。今天接到报案。你前去勘查现场。见信息卡16-Ⅴ-B。请一一弄清门窗、电视等各项图中物品是否与事主离家前一致。

信息卡 16-V-A

信息卡 16-V-B

Ⅵ ＜看图说话＞无奇不有

请找出信息卡 16-Ⅵ中不合常理的地方。

信息卡 16-Ⅵ

第17课

<热身>小姑娘眼睛大

步骤1. 全班分成六组。

步骤2. 每组指定一张图片。大家一起来陈述图中动物或人的特征。

步骤3. 每组派一个代表,作综合陈述。

步骤4. 未尽之处,允许其他同学补充。

信息卡 17-r-1　　　　　　　信息卡 17-r-2

信息卡 17-r-3　　　　　　　信息卡 17-r-4

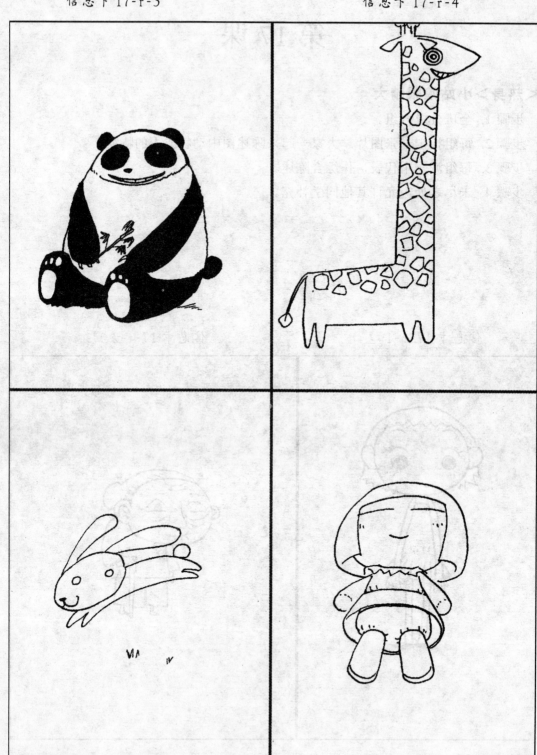

信息卡 17-r-5　　　　　　　信息卡 17-r-6

I ＜游戏＞是你，是他，还是她？

步骤 1. 教师任意指定两个学生。

步骤 2. 其中一人从教师手中抽取一张写有人名的卡片。

步骤 3. 二人一人一句共同对卡片上人物的各项特征进行描述，包括体貌、爱好、习惯、家庭等。

步骤 4. 其他人根据二人描述猜测他们的描述对象。直到猜中。

步骤 5. 猜中者挑选伙伴，重复步骤 2～4。

步骤 6. 重复步骤 2～5，再次练习。

注意：1）如有多人同时猜中，则优先考虑头两位。

　　　2）陈述者禁止提到被描述者当日的衣帽特征。

＜热身＞说说看，哪里不同？

信息卡 17-r-7　　　　　　　　　信息卡 17-r-8

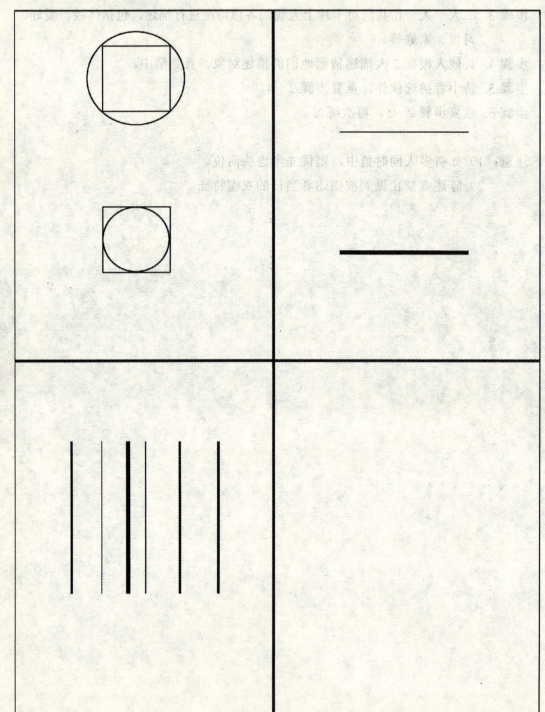

信息卡 17-r-9

Ⅱ ＜游戏＞我的朋友们

步骤 1. 全班分成两组。每组学生纵向坐成若干排，在游戏过程中不得离开座位。

步骤 2. 2 组使用相同的信息卡 17-Ⅱ。

步骤 3. 各组根据信息卡轮流叙述信息卡片中人物的差别。每组每次按座位顺序由一人发言，每人只能说一个句子。

步骤 4. 每句得 1 分，出现重复的句子得 −1 分。得分高的组为胜。

步骤 5. 重复步骤 1～4。再次练习。

信息卡 17-Ⅱ

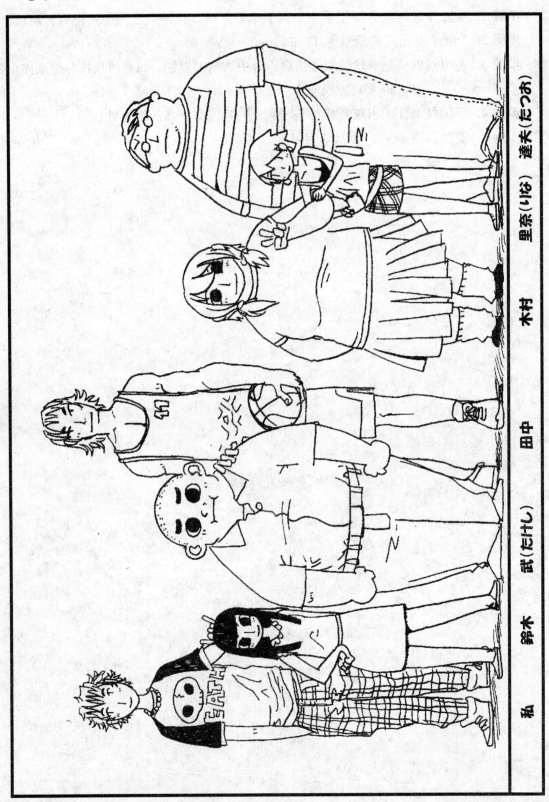

Ⅲ ＜情景对话＞喜新？厌旧？
情景卡

A　你叫李丽，与男友小张一同赴日留学。最近，你又喜欢上了同班的韩国留学生小金。你很苦恼。于是向同宿舍的玛娜诉说。希望她能出点什么主意。

小张：身高172cm，体格健壮，五官端正。做事认真负责。有主见，有时武断。偶尔帮小李洗衣服。

小金：身高180cm，较瘦。五官端正。善解人意。

B　你叫玛娜，是英国人。现在日本留学。今天你的室友李丽因感情问题找你聊天。你熟悉李丽的男友小张，也熟悉韩国留学生小金，帮她比较比较。但不要替她做决定。

小张：身高172，体格健壮，五官端正。做事认真负责。有主见，有时武断。偶尔帮李洗衣服。

小金：身高180，较瘦。五官端正。善解人意。

Ⅳ ＜情景对话＞眼花缭乱
情景卡

A　你是中国人，到日本旅游，想给女朋友带个礼物。但看来看去，不知买什么好。去问问带队的日本导游田中理惠。注意：购物时间有限，你得速战速决。

你中意的物品有：偶人娃娃、日本漫画、手绢、CD（喜欢的歌手的专集）、钱包。

你的预算：2000日元

B　你是旅行社导游，叫田中理惠。你带中国游客到浅草购物，游客小王为买礼物而犯愁。你在他中意的范围内，从价格、实用程度等方面给他做一下参谋。

V ＜情景对话＞"专家"建议

情景卡

A 你是日语系学生小陈。姐姐的同事小刘在自学日语，他来向你请教学习方法。

你认为有效的方法是：1. 记单词要边写边背；2. 语法项目要在句子中去理解，并通过造句来巩固。

B 你姓刘，因工作需要在自学日语。但是繁多的假名、似熟非熟的单词、复杂的语法让你头疼。通过同事陈小姐的介绍，认识了她在日语专业的学习的弟弟小陈。你去向小陈请教。出于练习的目的，特意用日语与他对话。

VI ＜看图对话＞这人今天怎么了？

课前：将信息卡 17-VI 裁下。

步骤 1. 分组。4 人一组，分别为 A、B、C、D。

步骤 2. 每组持信息卡 17-VI-1、信息卡 17-VI-2、信息卡 17-VI-3、信息卡 17-VI-4 各一套，打乱顺序，齐成一摞，反扣在桌面上。

步骤 3. A 抽取一张卡片。展示给其余三人看。（A 不得偷看）

步骤 4. 三人见图后可随意做出为难、兴奋或惊讶等样子。

步骤 5. A 见三人的表情，关切地询问其为难、兴奋等的原因。

步骤 6. 三人根据自己选择的表情，依次说明自己为难、兴奋等的原因。所述原因应与图示相关。（如：为难则叙述负面事由。）

步骤 7. B 抽取一张卡片，重复步骤 3～6。

步骤 8. C 抽取一张卡片，重复步骤 3～6。

步骤 9. D 抽取一张卡片，重复步骤 3～6。

步骤 10. 依次轮流，直至信息卡用尽。

信息卡 17-VI-1

信息卡 17-Ⅵ-2

信息卡 17-VI-3

信息卡 17-VI-4

第 18 课

Ⅰ ＜情景对话＞天皇巨星

情景卡

> A 你是香港某娱乐杂志的记者。你本次的任务是采访刚出道的日本歌手B。你希望得到尽可能多的信息。请询问她的经历、爱好以及她的发展前景等。

> B 你是刚出道的日本歌手。今年要出新专辑，自己作曲，歌名尚未决定。今天有香港某娱乐杂志的记者来采访。对你来说，这是开拓香港市场的好机会，一定要好好把握。另外，香港之行对你来说是第一次。你对香港很有好感，特别喜欢中国菜。在日本你也常吃中国菜。

Ⅱ ＜情景对话＞我是司机我怕谁！

情景卡

> A 你是某公司日本分公司的人事经理，今天你面试一位来应征的司机（山田）。你需要知道他的驾驶记录、作息习惯。

> B 你叫山田，是司机。今天你去某华资公司应聘司机。请回答对方提问。

Ⅲ ＜游戏＞吹牛比赛

步骤 1. 五人一队。每两队为一组。以猜拳胜方为 A，负方为 B。

步骤 2. 每次一组（A/B 队）上场比赛。场下学生计分。

步骤 3. A 队第一个学生（即 A1）说一个自己认为最骄傲的经历或习惯。

步骤 4. B 队第一个学生（即 B1）开始吹牛，表示对方说的不算什么，自己更厉害。

步骤 5. A2 反驳 B1，B2 反驳 A2，A3 反驳 B2，B3 反驳 A3……，依此类推。

步骤 6. 计分标准为：上场队员吹牛成功者得 1 分。所说内容超出常理或离题，则视作词尽。为输。

步骤7. 第二组（A/B队）上场。重复步骤3～6。

步骤8. 吹牛句数最多队胜出。

注意：吹牛的学生必须以前句的某一部分为参照，并在此基础上夸大。而不能凭空造句。例如：A说"我看过书。"，B可以说"我天天看书。"、"我写过书。"、"大家都看过书。"，或者"我还看过漫画（杂志）。"等等。却不能凭空造出"我吃过饭。"这样的句子。违者作离题论处。

Ⅲ〈游戏〉吹牛比赛　　记分卡

组别	队别	吹牛数（以"正"字计数）	合计
1	A		
	B		
2	A		
	B		
3	A		
	B		
4	A		
	B		
5	A		
	B		
6	A		
	B		

Ⅳ＜游戏＞找亲人

步骤1. 教师将事先剪裁好的信息卡分发给学生。

步骤2. 信息卡内容包括主要家庭成员，以及部分成员的经历喜好等。

步骤3. 每人按信息卡上内容，通过询问、回答获取信息，寻找自己的家人。
步骤4. 最先团聚的家庭获胜。
步骤5. 团聚后，家庭成员共同整理信息卡内容，由卡片上的"我"向大家介绍自己的家庭情况。

Ⅴ ＜接龙游戏＞恶性循环？良性循环？

步骤1. 全体学生每人发一张白纸，一人写一个描写句（单句），收上来。
步骤2. 教师将收上来的卡片整理后，拿出若干张供学生抽取。
步骤3. 分组，10人一组。
步骤4. 每组第一个学生到教师处抽取一张卡片。朗读卡片内容。
步骤5. 第二个学生以此为条件，完成一个复句（即添加后半句）。如："天一热，就全身无力"。
步骤6. 第三个学生以第二个学生的后半句为条件，完成一个复句（即添加后半句）。如："全身无力，就……"。依次类推。
步骤7. 接句数量最多的组获胜。

第 19 课

＜热身＞等我长大了……

信息卡 19-r-1　　信息卡 19-r-2

信息卡 19-r-3　　　　　　信息卡 19-r-4

Ⅰ ＜说说看＞人生抉择 1

4 人一组，根据信息卡 19-Ⅰ所给条件谈谈各自的想法。

信息卡 19-Ⅰ

A　你即将毕业。摆在你面前的有两条路：一是走上社会参加工作；另一是考研究生（大学院）继续深造。二者必取其一，请告知你的理由。

个人信息：

1. 你一家四口人，你是长女，下面还有一个上高一的弟弟。你家经济条件并不宽裕，一家人为了供你上大学四年来省吃俭用。
2. 大学四年你一直是班上的佼佼者，考研究生（大学院）继续深造是你的梦想。

Ⅱ ＜说说看＞人生抉择 2

4 人一组，根据信息卡 19-Ⅱ所给条件谈谈各自的想法。

信息卡 19-Ⅱ

A　你来自外省，原本打算大学毕业后回家乡工作，照顾体弱的父母。现在你的男朋友向你求婚。他是从加拿大来的留学生。他希望你和他一起去加拿大生活。并希望你能在毕业前做出最后决断。请告知你的选择及其理由。

个人信息：

1. 你是独女。你父母把你当作唯一的依靠，他们朝思暮想，希望早日团圆。
2. 两年前在一次义工活动（ボランティア活动）中你认识了他，——一个来自加拿大的留学生，两人一见钟情。原本一年的留学计划，为了等你毕业他延长了一年。

第 20 课

I ＜看图对话＞强龙斗不过地头蛇！

步骤 1. 分组。2 人 1 组。
步骤 2. 分别使用信息卡 20-Ⅰ-A、信息卡 20-Ⅰ-B。
步骤 3. 持信息卡 A 者请依图向持信息卡 B 叙说你的愿望。
步骤 4. 持信息卡 B 者请依图为对方提出你的参考意见。回答时简单说明理由。
步骤 5. 持信息卡 B 者请依图向持信息卡 A 的人叙说你的愿望。
步骤 6. 持信息卡 A 者请依图为对方提出你的参考意见。回答时简单说明理由。

信息卡 20-Ⅰ-A

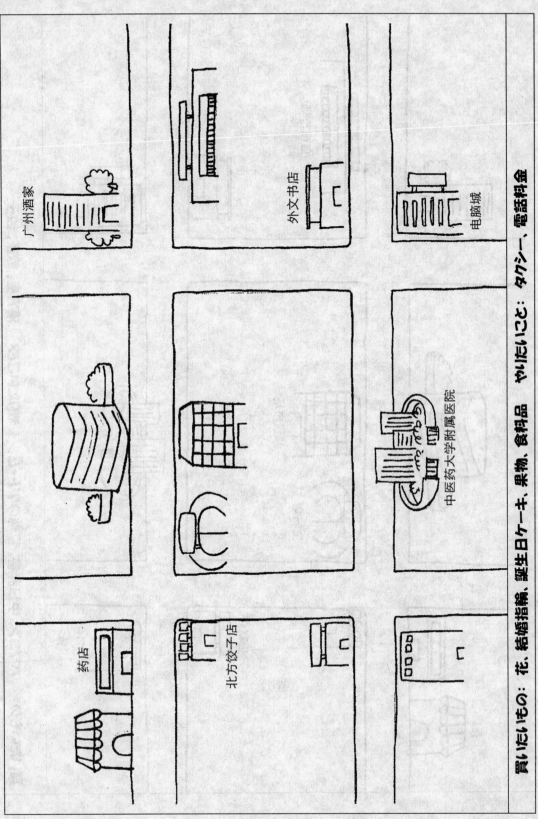

信息卡 20-Ⅰ-B

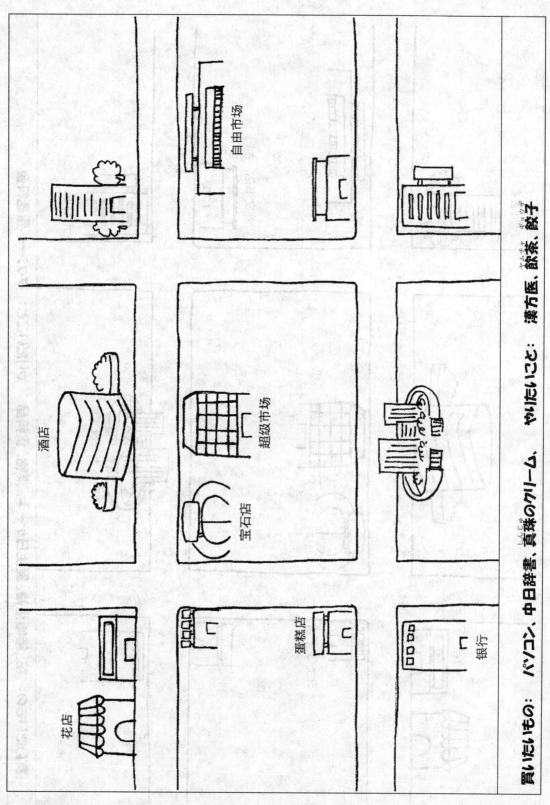

買いたいもの：パソコン、中日辞書、真珠のクリーム、やりたいこと：漢方医、鍼灸、餃子

<热身>讨论

(a) 你喜欢给人出主意吗？

(b) 你给人出过馊主意吗？

Ⅱ <情景对话>最佳选择 1

情景卡

A　你是2班班委。你们班有一个同学将赴日留学。离别之际你们想向他（她）表示一点心意，但不知送什么好。去找你的好朋友商量商量。

B　你擅长给人做参谋。你知道出国留学不管是坐飞机还是坐船托运行李都有一定的限制。纪念品最好是体积不大、重量较轻又能表示心意的东西。

巩固练习<情景对话>最佳选择 2

情景卡

A　你是外省来的同学。暑假回家时想带一点广州的特产回去。去向广州的同学打听一下，买什么合适。你不打算买很贵的东西。

B　你是广东本地人。你们班同学想带一点广州的特产回家乡，你给他出点主意。

Ⅲ <游戏>甩掉这个尾巴

步骤1. 全体学生每人发一张白纸，一人写一个叙述句（单句）。

步骤2. 教师将字条收上来，打乱，再发给每人。

步骤3. 分组。A，B 2人一组。

步骤 4. 由 A 先念自己手中的句子。

步骤 5. B 是跟屁虫，接过 A 的话说'你要如何如何我也要如何如何'，极力缠住 A。

步骤 6. A 尽量说一些 B 不太可能作到的事。增加条件、提高完成难度设法甩掉 B。

步骤 7. A 在三分钟之内不能成功地甩掉 B 则视为输。

步骤 8. A、B 互换角色，再次进行练习。

第 21 课

Ⅰ ＜游戏＞太过分了！

步骤 1. 全班学生均等分为 4 组。2 组作学生，另 2 组作教师。

步骤 2. 4 组共用信息卡 21-Ⅰ。各自根据信息卡上的信息轮流向对方提一个要求。

步骤 3. 以列举事项多的为胜方。

　　　　注意：1）小组成员可事先讨论信息卡内容。

　　　　　　　2）小组每人都必须发言。

步骤 4. 学生组和教师组交换角色，再次进行练习。

信息卡 21-Ⅰ

Ⅱ ＜游戏＞你这人怎么这样？

步骤 1. 全班学生均等分为 4 组。2 组作妻子，另 2 组作丈夫。

步骤 2. 4 组共用信息卡 21-Ⅱ。各自根据信息卡上的信息轮流向对方提一个要求。

步骤 3. 以列举事项多的为胜方。

    注意：1）小组成员可事先讨论信息卡内容。

       2）小组每人都必须发言。

步骤 4. 妻子组和丈夫组交换角色，再次进行练习。

信息卡 21-Ⅱ

Ⅲ ＜游戏＞他（她）做了什么？没做什么？

步骤 1. 全班学生均等分为 4 组。2 组作家长，另 2 组作子女。

步骤 2. 4 组共用信息卡 21-Ⅲ。各自根据信息卡上的信息轮流向对方提一个要求。

步骤 3. 以列举事项多的为胜方。

    注意：1）小组成员可事先讨论信息卡内容。

       2）小组每人都必须发言。

步骤 4. 家长组和子女组交换角色，再次进行练习。

信息卡 21-Ⅲ

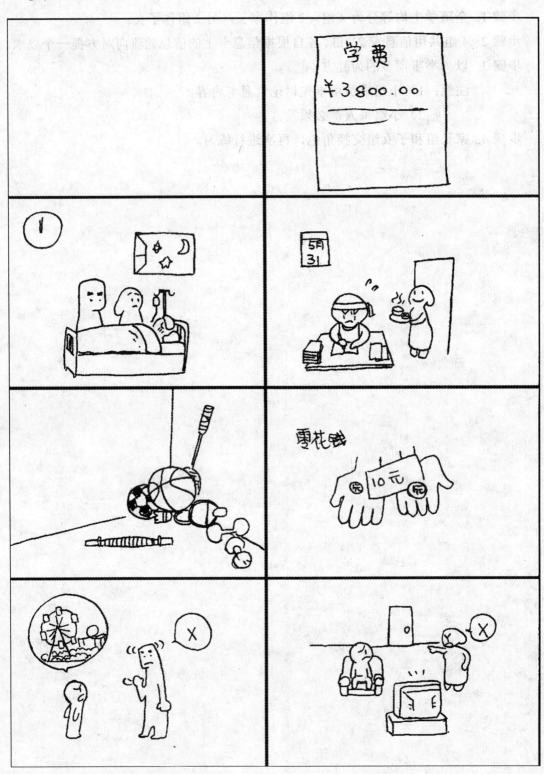

Ⅳ ＜游戏＞你怎么什么也不做？

步骤1. 全班学生均等分为4组。2组作公司老板，另2组作公司职员。

步骤2. 4组共用信息卡21-Ⅳ。各自根据信息卡上的信息轮流向对方提一个要求。

步骤3. 以列举事项多的为胜方。

        注意：1）小组成员可事先讨论信息卡内容。

              2）小组每人都必须发言。

步骤4. 公司老板组和公司职员组交换角色，再次进行练习。

信息卡 21-IV

小知识

――― 整个暑假，他在家什么忙也不帮 ―――

日语中「～てくれる／くださる」表示别人为自己或自己一方的人做某事，有受惠于对方表示感谢或称赞之意。其否定形式含有抱怨之意。即某人不愿意为我或自己一方的人做某事。

V ＜采访＞父母在我身上投资了多少？

步骤 1. 分组。3～4人一组。

步骤 2. 先在下列调查表中"わたし"一栏中填上估计金额。可根据实际情况增减内容。

步骤 3. 小组内部互相采访，总结调查结果。

步骤 4. 各组派代表向全班汇报调查结果。

＜调查表＞ 上大学父母要花多少钱

内　容	わたし 金额	＿＿＿さん 金额	＿＿＿さん 金额	＿＿＿さん 金额
买钢琴（或小提琴、古筝等）				
买电脑				
电脑上网费				
买手机				
手机更新换代				
上大学的学费				
大学里每月生活费				
总金额				

Ⅵ ＜游戏＞谁欠谁的？（夫妻吵架）

步骤 1. 全班学生均等分为 4 组。2 组扮演丈夫，另 2 组扮演妻子。

步骤 2. 4 组共用信息卡 21-Ⅵ。各自根据信息卡上的信息轮流向对方叙说："我为你做了××事。"

步骤 3. 以列举事项多的为胜方。

    注意：1）小组成员可事先讨论信息卡内容。
       2）小组每人都必须发言。

步骤 4. 丈夫组和妻子组交换角色，再次进行练习。

小知识

—— 想当初，是我救了你一条命 ——

  日语中「～てあげる」表示自己或自分一方的人出于好意为别人做某事或某动作。但为别人做了好事，却又每每挂在嘴边会给人以'那是我恩赐给你的'这样一种印象。

信息卡 21-Ⅵ

信息卡 21-Ⅶ-A

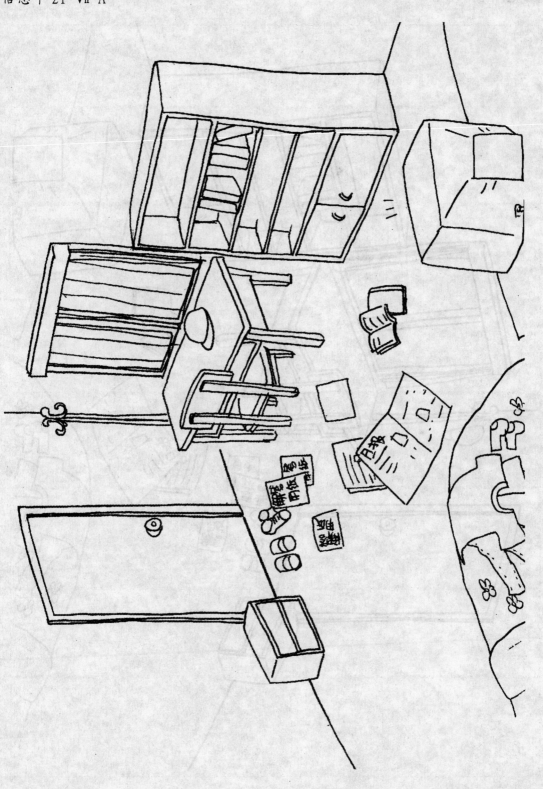

信息卡 21-Ⅶ-B

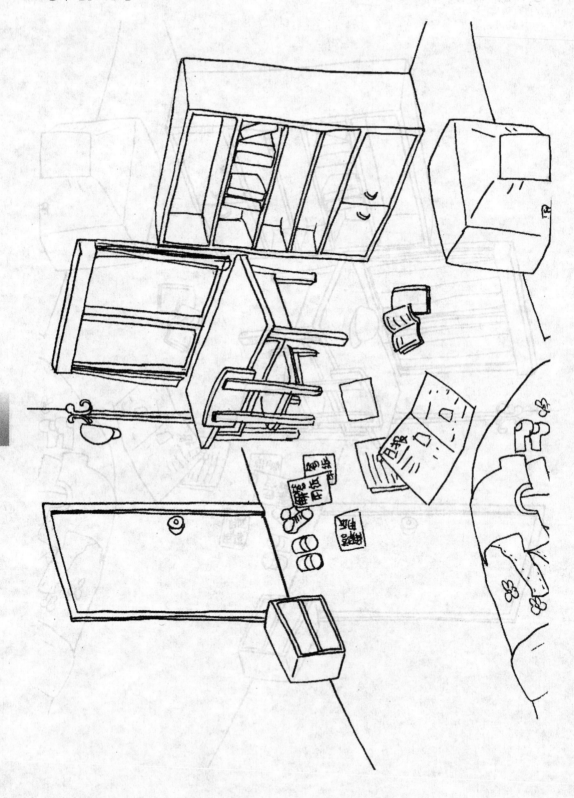

Ⅶ ＜看图对话＞麻烦你收拾一下房间！

步骤 1. 分组。2 人一组。
步骤 2. 分别使用信息卡 21-Ⅶ-A、信息卡 21-Ⅶ-B(见 P131-132)。
步骤 3. 持信息卡 A 者用电话交待 B 如何收拾房间。
步骤 4. 持信息卡 B 者根据手中信息卡信息做出相应的回答。
步骤 5. 交换角色，再次进行练习。

＜热身＞讨论

俗话说"万事求人难"，你同意这一说法吗？请讨论。

Ⅷ ＜情景对话＞我很愿意为你效劳！

情景卡

A 你用日语写了一篇发言稿。请日本留学生大林(おおばやし)帮你看看。

B 你是日本留学生，名字叫大林(おおばやし)。日语专业的中国学生请你修改他的发言稿，你愉快地接受他（她）的请求。

＜热身＞讨论

你的请求遭到拒绝后，你是"就此算了"还是"再次发起进攻"？请讨论。

Ⅸ ＜情景对话＞真没办法！

情景卡

A　你是中国学生，3 班班长。你们班要搞第二课堂活动——"穿和服（ゆかた）"。和服有了，但没人会穿。你去找日本留学生佐藤，请她帮忙。她是你的好朋友。

你们班同学方便的时间是本周四下午、周五晚上、周日晚上有空。

B　你是日本留学生，名字叫佐藤。你和 3 班班长是好朋友。你会穿和服（ゆかた）。

你本周的安排是：

周四下午留学生部有活动安排、周五晚上跟男朋友拍拖、周日晚上 8 点半以后有空。其它时间都得学习。

21

<热身>讨论

你拒绝过他人的请求吗？你被人拒绝过吗？请讨论。

X <情景对话> 我无能为力！

情景卡

A　你是一年级学生，新上任的学生会干事。本周五晚 7:00－8:30 学生会准备搞一个大型的日语角活动。你的任务是邀请一名日语老师做日语角辅导员。你接到任务的时间是周五下午。

B　你是日语教师。你本周的日程安排是：

周五晚上外事活动；周六与家人外出休闲旅行；周日休息。今天是周五。

第 22 课

Ⅰ ＜说说看＞第一印象

> 追加词语
> 你知道以下词语用日语怎么说吗？
> 　勤奋、认真、老实、和气、温柔、和蔼可亲、精神、快乐、凶、可怕、有趣、
> 　开朗、活泼、忧郁、郁闷、聪明、盛气凌人、默默无闻、胆小怕事

步骤 1. 全班同学每人发一张白纸，用日语写下一段话。
步骤 2. 书写内容为：

> 　　　我第一次见到○○○时觉得他（她）很__凶__，不过现在觉得他
> （她）是一个非常__和气__的人。
>
> 注意：
> 　　议论的人必须是本班、本系或本校的学生或老师。即大家都熟悉
> 的人。

步骤 3. 教师将写好的纸条收上来，打乱，再发给每人。
步骤 4. 分组。5～6 人一组。
步骤 5. 小组一成员用日语念出自己手中的纸条。
步骤 6. 念完后小组其他成员分别发表自己对话题中人物的看法。
步骤 7. 小组成员依次念出自己手中的纸条，并进行讨论。同步骤 5～6。

Ⅱ ＜说说看＞瞧他那副德行！

步骤 1. 分组。4 人一组。
步骤 2. 全班同学共用信息卡 22-Ⅱ。
步骤 3. 各组对信息卡上各人物表情逐一进行描述并猜测其原因。
步骤 4. 由教师随机指定若干名学生重复上述练习。

信息卡 22-Ⅱ

Ⅲ ＜看图说话＞火眼金睛

步骤1. 分组。2人一组。

步骤2. 2人共用信息卡22-Ⅲ。

步骤3. 比较A/B 2幅图，找出图中的各种险情。

步骤4. 由教师指定若干组公布结果，并一一确认。

信息卡 22-Ⅲ

Ⅳ ＜猜谜＞小小发明家

步骤 1. 课前准备：以环保为前提，2 周前布置学生每人（或数人一组）设计一样用品。

步骤 2. 上课时将准备好的物品带来，并将物品用途写在纸上交给教师。

步骤 3. 分组。5～6 人一组。

步骤 4. 作者让小组成员猜自己的物品的用途。

　　　　如：罐头盒—做笔筒、作喝水杯子、作烟灰缸、作肥皂盒等。

步骤 5. 小组练习之后，每组选出 2 样有代表性的物品让全班同学猜。

步骤 6. 在教师的监督下由小组代表公布作者设计的物品用途。

第 23 课

Ⅰ ＜看图对话＞人人都有本难念的经

步骤 1. 分组。2 人一组。

步骤 2. 2 人共用信息卡 23-Ⅰ。

步骤 3. 猜拳胜方为 A。

步骤 4. A 向 B 发问："你怎么了？"

步骤 5. B 根据信息卡内容回答。

步骤 6. A 根据 B 的回答做出适当的回应。

步骤 7. 重复步骤 3～6，完成信息卡上的其他练习。

信息卡 23-Ⅰ

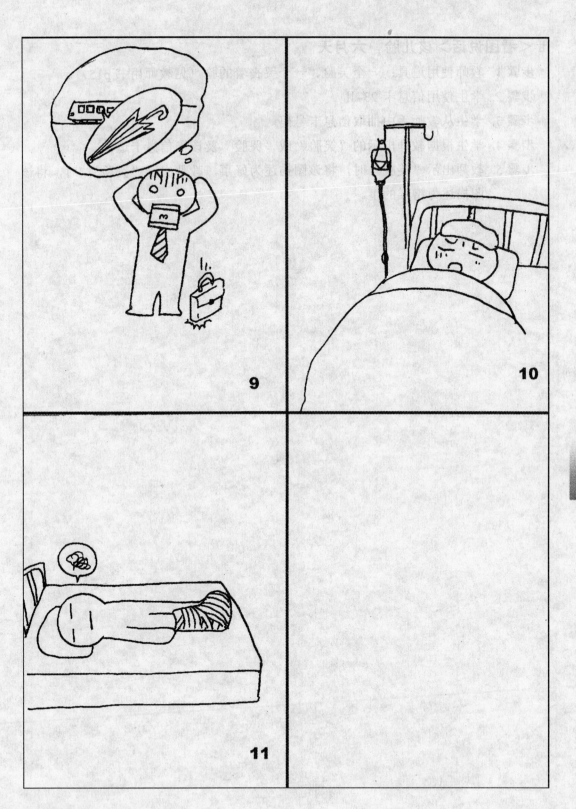

II ＜看图说话＞孩儿脸，六月天

步骤 1. 教师使用道具：一个笑脸、一个哭丧着的脸（见教师用书 p157）。

步骤 2. 学生使用信息卡 23-II

步骤 3. 学生从教师手中抽取信息卡号码。

步骤 4. 学生根据教师出示的"笑脸"或"哭脸"及该号信息卡造句。

步骤 5. 教师出示"笑脸"时，将该图描述为好事，教师出示"哭脸"时，将该图描述为糟糕的事。

信息卡 23-Ⅱ

Ⅲ ＜游戏＞知识竞赛

课前准备：

步骤1. 分组。全班分2组。（A 进口组；B 出口组）

步骤2. 进口组每一同学都用关键词"进口"在互联网上查找中国有哪些进口物品，分别来自哪些国家；出口组每一同学都用关键词"出口"在互联网上查找中国有哪些出口物品，分别出口至哪些国家。

注意：一人查找一样物品即可。

步骤3. 将查找结果按照组别填入下表。请用日语书写。

步骤4. 写完后交给教师。教师抽出内容完全相同的表格后，将品名相同、来源不同的表格归类处理。

学生姓名		A 进 口 组
进口物品		
来源国		
量（吨）		

学生姓名		B 出 口 组
出口物品		
对象国		
量（吨）		

课堂：

步骤1. 教师指定若干名工作人员。其中念题目1人，审核2人，成绩纪录1人。

步骤2. 念题目的人按照纸条内容就物品来源或去向进行提问。

步骤3. 两组抢答。

第 24 课

＜热身＞讨论

你最近有什么特殊经历吗？让你生气的或是让你发笑的都行。讲给大家听听。

Ⅰ＜情景对话＞发生什么事了？

情景卡

> A　今早你醒来时，还差 5 分钟就要上课了。你赶紧骑自行车往教室赶。路上差点撞到另一辆自行车，好在你及时刹车，没有受伤。但是对方摔倒了。于是你陪对方去医院。结果上课迟到了。同桌 B 问你为什么迟到，请详细讲给他听。

> B　你的同桌上课迟到了半个小时，请向他询问迟到的原因。在他叙述过程中，每当他说一句话，请你应和一句。

Ⅱ＜情景对话＞飞车大王

情景卡

> A　今早你醒来时，还差 5 分钟就要上课了。于是你赶紧骑自行车往教室赶。路上和另一辆自行车相撞，你摔倒了，手受了伤。B 见到你的伤口问你是怎么回事，请详细讲给他听。

> B　你看见 A 的手上有伤痕，请向他询问发生了什么事情。在他叙述过程中，每当他说一句话，请你应和一句。

Ⅲ ＜情景对话＞那个他/她……
情景卡

A 你一直暗恋班上的某个同学。这一天，你听 B 说那个同学已经有恋人了。请向 B 打听"情敌"的情况（如：个子，模样，性格，优点等），在心中暗暗比较。

B 这一天你随便跟 A 提起班上某同学已经有恋人一事，A 一个劲地向你打听那个恋人的各种情况。你并没有见过那个人，只是大略知道一些情况。请尽可能详细地回答 A 的问题。

Ⅳ ＜情景对话＞周末二日游
情景卡

A 你是本班班长。你们班初步决定下周要去某地旅行两天。B 平时对旅行很感兴趣，也常收集这方面的信息。请告诉 B 你们班的旅行地点，并向他询问该旅行目的地的详细情况（景色，费用，交通工具，所需时间等）。

B 你平时对旅行很感兴趣，也常收集这方面的信息。A 向你询问一个旅行目的地的详细情况。虽然你并没有去过那里，不过你平常常收集这方面的信息。请尽量回答 A 的问题。

Ⅴ ＜情景对话＞悠闲午后
情景卡

A 今天下午没课，天气也很好，请邀请好友 B 去打网球。

B　好友 A 邀请你去打网球,可是你在写一篇报告。请婉拒他(她)。为了不使他(她)太沮丧,你约他(她)下次打。

Ⅵ ＜看图说话＞为什么有点怪?

下面每幅图(见信息卡 24-Ⅵ)都有与逻辑不符的地方,请找出它们,并说明理由。

信息卡 24-VI

第 25 课

Ⅰ ＜说说看＞最让人烦恼的要求

步骤 1. 分组。5 人一组。

步骤 2. 每个成员都说出让自己最烦恼的要求，以及来自何人。（来自父母/朋友/老师等均可。）

步骤 3. 每个小组选出最让人烦恼的要求。

步骤 4. 全班评选最让人烦恼的要求。

Ⅱ ＜说说看＞10 年后的我们

步骤 1. 学生在下表填写自己 10 年后的"人生设计"。

步骤 2. 任意一人从教师处随机抽取写有学生姓名的纸条。

步骤 3. 猜测纸条上所写的同学 10 年后的状况。

步骤 4. 当事人读出自己的"人生设计"。

步骤 5. 下一个学生重复步骤 2～4。依次轮流练习。

10 年后的我　　　　年　月　日

姓名	体重	职务	月薪

未婚	已婚	子女情况	

度假目的地	
其他	

Ⅲ ＜情景对话＞周末旅行

情景卡

A　你是日本籍教师，叫山下。本周末学校国际交流处组织外教旅行。你和学校之间有一个学生联络员，他帮你向学校有关方面询问出发时间、集合地点、留宿天数、需要携带的物品等。请向联络员询问相关事宜。

B　你是日本籍教师山下的联络员。本周末学校国际交流处组织外教旅行。详细计划如下：

目的地：　××温泉
外宿时间：一晚
出发时间：周六早上 9：00
集合地点：学校大门
携带物品：护照等

请将以上信息转告山下老师。

Ⅳ ＜情景对话＞欢迎光临我们的派对

情景卡

A　你是班长，今晚班上要举行派对。B 负责邀请各任课教师（共三位）。请问 B 结果如何。

B　今晚班上要举行派对，你负责邀请各任课教师。结果是一位老师能来，两位不能来。请将结果向班长（A）汇报，并报告缺席教师不能来的原因。

第26课

I ＜游戏＞好爸爸，好妈妈

　　　　　　　　　　　　调　查　表　　　　年　月　日

如果你是父母，你会让自己的孩子做这些事吗？"会" 请画圈，"不会"请打叉，并简单说明理由。	
三岁开始学钢琴	
骑自行车去西藏	
上小学开始谈恋爱	
通宵上网	

步骤 1. 填写调查表。

步骤 2. 任意一人从教师处随机抽取写有学生姓名的纸条。

步骤 3. 猜测纸条上所写的同学将来会不会让自己的孩子做表中所列事项，并简单说明做出这种猜测的理由。

步骤 4. 请当事人根据填写好的调查表回答上述猜测是否属实。

步骤 5. 下一个学生重复步骤 2～4。

Ⅱ ＜情景对话＞ 第一次兼职
情景卡

> A　你是大学生。刚得到一个兼职教日语的机会。但你从没给人上过课。听说同学 B 教书很受欢迎，去和他商量，告诉他周五晚上想去听他的课。

> B　你是大学生，一直在外面兼职教日语。今天 A 来找你，希望能听你上的日语课。你很愿意帮他。请按日程表和他商量听课时间。

本周日程安排

	8：00～11：30	14：00～17：00	19：00～21：00
21（周三）			自习
22（周四）			自习
23（周五）			看电影
24（周六）			上网
25（周日）			兼职（日语课）

Ⅲ ＜情景对话＞ 突如其来的不适
情景卡

> A　你是大学生。正在上体育课时，你觉得肚子很痛。请向体育老师请假。

> B　你是体育教师。有学生上课时向你请假。请准假让她回去休息。

Ⅳ ＜游戏＞使用说明书

步骤1. 分组。5人一组。

步骤2. 每组用猜拳决定一人为A。

步骤3. 教师将裁剪好的信息卡反扣在桌面上。

步骤4. 各组派A到教师处抽取信息卡1张（注意不要给本组其他成员看），根据信息卡上的内容描述这一物品的使用方法。描述必须使用日语。

步骤5. 小组其他成员根据A的描述猜测此为何物。

步骤6. 猜测方可使用中文。

步骤7. 每组3张信息卡。

步骤8. 此游戏全班各组同时进行。使用时间最短的一组获胜。

Ⅴ ＜造句＞一件事情，两种心情

步骤1. 教师将裁剪好的信息卡反扣在桌面上。

步骤2. 另将准备好的两个表情卡"笑脸"、和"严厉的脸"（见教师用书p157～158）也反扣在桌面上。

步骤3. 请学生分别从信息卡和表情卡中各抽取一张。

步骤4. 信息卡内容 +"笑脸"则用"させてくれる"造句。句子内容必须合乎逻辑。

步骤5. 信息卡内容 +"严厉的脸"则用"させる"造句。句子内容必须合乎逻辑。

第 27 课

Ⅰ ＜游戏＞笑一笑，十年少
步骤 1. 每人准备一张白纸。写上自己的姓名。写下自己在心情低落时如何振作。
步骤 2. 写好后交给教师。
步骤 3. 教师随机抽取一张。请该同学站到讲台上，做出沮丧的表情，以示心情低落。
步骤 4. 全班同学按座位轮流提出建议，哄台上的同学开心。时限 2 分钟。
步骤 5. 一旦建议与该同学的记录相吻合（或被逗笑了），就得破涕为笑。
步骤 6. 下一个同学重复步骤 3～5 进行练习。依次轮流。

Ⅱ ＜游戏＞变脸
步骤 1. 全班同学分成 2 组。围成内、外两圈。面对面坐下。
步骤 2. 外圈同学胸前贴上教师准备好的身份标签。
步骤 3. 教师出示信息卡。
步骤 4. 由内圈成员根据信息卡所给信息用日语向外圈成员发话，外圈成员任意作答。
步骤 5. 对答完毕，外圈成员顺时针移动一个位置，内圈成员则不动，重复同样的练习。
步骤 6. 转完一圈后，内、外圈同学互换位置及身份标签，就新的信息卡内容展开练习。方法同步骤 3～5。

Ⅲ ＜情景对话＞为客之道
情景卡

A 你是学生。今天你在外教高山老师（B）家做客。请在席间称赞他做的菜，并就你刚才看到的照片询问他曾旅游过的地方，饭后请表示感谢。

B 你是外教，名叫高山。今天你邀请学生 A 来家里吃饭，席间请和 A 谈论你曾经旅游过的亚洲诸国。

Ⅳ＜情景对话＞爱旅游的老师

情景卡

A　你是学生，今天去日本籍教师高山老师家做客。回家后，请和妹妹/弟弟（B）谈论你今天受到的款待以及高山老师曾经去过的旅游地。你在高山老师家看了他的照片，用他的笔记本电脑（ノート式パソコン）玩游戏等。

B　今天你的哥哥（A）去日本籍教师家做客，他回来后，请向他询问做客的情形以及他与老师谈论的话题。

Ⅴ＜情景对话＞汤里有蚂蚁！

情景卡

A　你是饭店服务员。客人B来用餐，发现汤里有蚂蚁（あり），向你投诉。请向上司报告后，然后马上给B换汤并道歉。

B　你去一家饭店用餐，发现汤里有蚂蚁。你非常生气。请向饭店服务员A提出投诉。

Ⅵ＜情景对话＞有蚂蚁的汤

情景卡

A　你是饭店服务员。请向你的上司（B）报告有位客人发现汤里有蚂蚁非常生气。询问该如何解决。

B 你是饭店经理。服务员 A 报告客人因汤里有蚂蚁非常生气，向你询问如何解决。请答复他马上给客人换汤。

晋级测试

I．次のロールカードを読み、あなたならどのように話すか、以下の枠内に書きなさい。

> A：今、インターネットをしていて、日本にいる家族にメールを送ろうとしたのですが、どういうわけかうまくいきません。隣に住む、コンピューターに詳しい友人のBさんに見てもらえないか、頼んでみてください。

（あなたがAならどのように話すか）

II．以下は、Iの設定で日本人が話した会話です。テープを聞き、内容を埋めをしなさい。

（コンコン）
B：はーい。（歩いて行って）（ガチャ）ああ、長谷川先生、こんばんは。

A：こんばんは。（_____）、
（_____）。

B：ああ、はい。大丈夫ですけど。

A：実は（_____）（はい）、

　　　　　（_____）（ああ、そうなんですか）。

　　　　それで、（_____）。

　　B：あ、はい、いいですよ。じゃ、10分後に伺います。

　　A：いつもすみませんねえ。じゃ、部屋で待っています。

Ⅲ．テープを聞き、内容を埋めなさい。

　　（人物設定）二人は仕事をし始めたばかりの同僚で、隣同士。
　　　　　　　田中さんは中国に来たばかりで、中国語も全然分からない。
　　　　　　　山田さんはもう中国に3年も滞在しており、中国語もぺらぺら。

　　（コンコン）
　　山田：はーい。……誰かなあ～。（歩いて行って）（ガチャ）ああ、田中さん、
　　　　　こんばんは。
　　田中：こんばんは。お忙しいところ本当に申し訳ありません（はい）。
　　　　　今ちょっとよろしいでしょうか。
　　山田：ああ、いいですけど。
　　田中：（_____）（はい）、あのう、
　　　　　（_____）……。
　　山田：そうなんですか。今そのカードお持ちですか。
　　田中：はい、これなんですけど。
　　山田：どれどれ……、あっ！田中さん、このカードはもう期限切れですよ。
　　田中：ああ、それで何度やってもかけられなかったんですね。

Ⅳ．自分の考えた話し方と、ⅡとⅢで聞き取った日本人の話し方を比較し、どういった点（表現方法や話す順序など）が異なるか、以下の枠内に中国語で書きなさい。また、テープの日本人はどのような口調（＝语气）だったかについても書きなさい。

V．ⅢとⅣの日本人同士の会話において、AがBに依頼する時の共通点（表現や話す順序）は何か考えなさい。

Ⅵ．「～んですが」を使って以下の問題に答えなさい。

1) 先週買ったばかりの携帯電話の使い方があまりよく分かりません。友だちにちょっと教えてほしいと頼んでください。

_____

_____

_____

2) バスに乗ろうと思ったところ、小銭がないことに気付きました。近くの売店のおばさんに両替を頼んでください。

_____

3) 来週、日本人の人と食事をすることになりました。しかし、あなたは日本語がまだ上手ではありません。通訳として来てほしいと日本人の友人に頼んでください。

4) 先日、日本人の友人が送ってくれた手紙に難しい言葉がたくさんあり、読めないので、替わりに読んでほしいと友人の日本人留学生に頼んでください。

5) 昨日買ったばかりのラジオの調子がもう悪いです。ラジオを買った百貨店の従業員に取り替えてほしいと頼んでください。

6) 今、あなたはホテルの301号室に泊まっています。しかし、部屋の電話が使えなくなってしまいました。フロントの人に修理を頼んでください。

_____

_____

_____

参考书目

1. 《クラス活動集101 －〈新日本語基礎Ⅰ〉準拠》
　　　　　　　　　スリーエーネットワーク　1994年8月11日初版
　　　　　　　　　高橋美和子　平井悦子　三輪さち子編著
2. 《クラス活動集131 －〈新日本語基礎Ⅱ〉準拠》
　　　　　　　　　スリーエーネットワーク　1996年5月15日初版
　　　　　　　　　高橋美和子　平井悦子　三輪さち子編著
3. 《初級日本語のドリルとしてのゲーム教材50》
　　　　　　　　　株式会社アルク　1992年8月1日
　　　　　　　　　栗山昌子　市丸恭子　編著
4. 《初級日本語のためのコミュニケーション練習》
　　　　　　　　　凡人社　1998年2月15日初版
　　　　　　　　　ＴＩＪ日本語教材開発グループ　編著
5. 《絵とタスクで学ぶ日本語》
　　　　　　　　　研文社　1988年7月初版
　　　　　　　　　村野良子　谷道まや　村野聡　著
6. 《絵とタスクで学ぶ日本語　別冊　－教師のための使い方・覚え書き・リスニング・タスク解答例》
　　　　　　　　　研文社　1988年7月初版
　　　　　　　　　村野良子　谷道まや　著
7. 《SITUATION FUNCTIONAL JAPANESE》Volume 1~3
　　　　　　　　　凡人社　1996年3月20日　第2版
　　　　　　　　　大坪一夫等　編著
8. 《SITUATION FUNCTIONAL JAPANESE》教師用指導書
　　　　　　　　　凡人社　2000年2月25日　改定版
　　　　　　　　　大坪一夫等　編著
9. 《コミュニケーション重視の学習活動3 －コミュニケーション・ゲーム》
　　　　　　　　　凡人社　1992年1月31日　初版
　　　　　　　　　金田智子　保坂敏子　編著
10. 《日语自学入门》　日本語教育振興協会
　　　　　　　　　1996年3月31日初版
　　　　　水谷修　伊藤芳照　加藤清方　黒田瑞夫　西原鈴子　李可人

　　　　　　品田潤子　保坂敏子　園田めぐみ　三村洋史　五十嵐耕一　編著
11.《インタビューで学ぶ日本語》
　　　　　　　　　　　　　　　　　　　　　　　　日本凡人社　1996.6.
　　　　　　　　　　　　　　　堀　歌子，三井　豊子，森松　映子編著
12.《流畅日语会话》
　　　　　　　　　　　　大连理工大学出版社　2000年1月第1版
　　　　　　　　　　　　　　　　　　　　　　　　　　　富阪容子　著
13.《临场模拟日语会话》
　　　　　　　　　　　　大连理工大学出版社　2001年1月第1版
　　　　　　　　　　　　　　　　　　　　　　　　　　　山内博之　著
14.《日本語》（ⅠⅡ）
　　　　　　　　　　　　　　　　　　　　　　凡人社　1979年初版
　　　　　　　　　東京外国語大学附属日本語学校　教材開発研究協議会
15.《初级　日本语》
　　　　　　　　　　　　　　　　　　　　　　凡人社　1994年初版
　　　　　　　　　　　　東京外国語大学留学生日本語教育センター
16.《中级　日本语》
　　　　　　　　　　　　　　　　　　　　　　凡人社　1994年初版
　　　　　　　　　　　　東京外国語大学留学生日本語教育センター
17.《日本語教育事典》
　　　　　　　　　　　　　　　　　　　大修館書店　1983年11月初版
　　　　　　　　　　小川芳男　林大他　著　　日本語教育会編
18.《初級を教える人のための日本語文法ハンドブック》
　　　　　　　　　　　　　　　スリーエーネットワーク　2000年初版
　　　　　　　　　庵攻雄　高梨信乃　中西久美子　山田敏弘　著
19.《新しい日本語学入門　言葉の仕組みを考える》
　　　　　　　　　　　　スリーエーネットワーク　2001年2月　初版
　　　　　　　　　　　　　　　　　　　　　　　　　　　庵攻雄著
20.《日本語文型辞典》
　　　　　　　　　　　　　　　　　くろしお出版　1998年2月　初版
　　　　　　　砂川有里子（代表）、駒田聡、下田美津子、鈴木睦、
　　　　　　筒井佐代、蓮沼昭子、ブケシュ・アンドレイ、森本順子　著

后　记

　　《标准日语会话教程·初级》由广东外语外贸大学东方语言文化学院日语系从事基础教学的教师历时两年编撰而成。在《标准日语初级教程》上/下册（北京大学出版社　原著[日本]东京外国语大学留学生日本语教育中心，编注许罗莎、崔勇等2002.11./2003.3）即将问世之时，我们就开始策划下一部系列教材——《标准日语会话教程》的编写。我们充分注意结合国外最新教学理念，在编写过程中严格遵守以下两条原则：
- 会话课不是精读课，也不是精读课的辅助课。因此，语法解释，句型操练，扩大词汇量的学习等都不在本书编写范畴内。
- 既可在明确学习要点之后进行会话练习，也可在练习之后总结要点。本书采用的是后者。

　　基于以上方针，我们针对中国学生的学习特点，设计了大量有趣且实用的练习。以充分调动学习者的"说话"自觉性。

　　为了保证书中内容的准确性，参加本书编写工作的教师们在日常繁忙的教学和科研工作之余，每星期定期召开数次研讨会（"教材編纂勉強会"）。对书中每一项练习、每一个细节进行了认真研究、热烈讨论。另外，本书还承蒙曾在我校任教的日籍教师安藤美保老师在百忙之中抽出时间参加我们的研讨会，及时指出编写中存在的不足。并提出了大量富有建设性的宝贵意见。为本书的准确、规范提供了强有力的保证。值此出版之机，谨表示我们由衷的感谢。

　　本书若能成为广大日语学习者的良师益友，则不胜荣幸。

编者
2005 年 4 月

作者简介

许罗莎　　广东外语外贸大　副教授
最终学历：博士（日本 东洋大学 1998.3）
研究方向：日本语学，日语词汇学，日语教育
历授课目：基础日语（一年级），日语视听（一年级），日文报刊选读（三年级），高级日语（四年级），日语词汇学（研究生）

严敏　　广东外语外贸大学　讲师
最终学历：学士（广东外语外贸大学 1998.6）
研究方向：日语教育
历授课目：第二外语（日语），基础日语（一、二年级）

崔勇　　广东外语外贸大学　讲师
最终学历：硕士（广东外语外贸大学 2004.6）
研究方向：日本语学
历授课目：基础日语（一、二年级），日语口语（一年级），日语视听（一、二年级）

刘先飞　　广东外语外贸大学　讲师
最终学历：硕士（广东外语外贸大学 2000.6）
研究方向：日语句法学
历授课目：基础日语（一、二年级），日语口语（一、二年级），日语视听（二、三年级）

于琰　　　广东外语外贸大学　讲师
最终学历：硕士（西安交通大学 1997.6）
研究方向：语言学及应用语言学，语用学
历授课目：基础日语（一年级），日语口语（一年级），日语视听（二、三年级）

李志颖　　广东外语外贸大学　讲师
最终学历：硕士（吉林大学　2000.3）
研究方向：日本近现代文学
历授课目：基础日语（一年级）

杜凡　　　广东外语外贸大学　助教
最终学历：硕士（日本　共立女子大学 2003.3）
研究方向：日本语学
历授课目：日语口语（一年级）

赵健平　　公司职员
最终学历：学士（广东外语外贸大 2001.6）
兴趣爱好：绘画

岸田修次　　日本　神戸東国際カレッジ　非常勤講師
　　　　　　原广东外语外贸大学　日籍教师
最终学历：学士（日本　京都外国语大学 2000.3）
研究方向：日本語学，「談話分析」
在华历授课目：日语口语（二年级），日语写作（三年级），基础日语（一年级）
在日历授课目：综合日语（初、中、高级），日语语法，日语口语（初级），日语写作（高级）